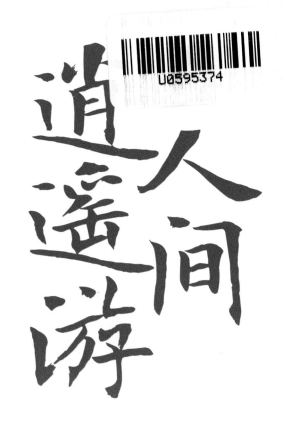

人间逍遥游

庄子 著

陈可抒 评注

中国友谊出版公司

逻辑之美——代自序

陈可抒

我时常听到一种论调，说中国传统文化重在抒情，逻辑性不强，很多人干脆认为在我国传统文化中逻辑是缺失的。其实，逻辑是中国传统文化中最重要的组成部分，只不过，汉语具有强大的表达张力与较为复杂的指向，这使得我国传统文化的逻辑常常以低调的方式寓于华丽的文字之中。当人们被一篇文章折服的时候，那些雄奇隽赡的文字当然有很大的功劳，然而，文字背后的逻辑往往才是最重要的那个推手。

中国人是讲究思辨的，而逻辑正是思辨的基础。那么，我国传统文化的逻辑藏在哪里呢？其实，就在思想体系之中。无论是老子所讲的"天地不仁"，还是孔子所提倡的"道之以德，齐之以礼"，它们都并非简单的断言，而是经过了长久的思辨，从而在复杂的逻辑体系之上建立起来的一种系统的认识论。更不必说公孙龙等人热衷于进行"白马非马""离坚白"等辩题的探究了,他们的问题不是逻辑太少,而是逻辑太多了,一味地强调逻辑,便不免脱离了社会意义,其获得的成就反而要低得多。

在此之中,庄子是一位很特别的学者。由于极其绚丽的文笔,他往往只会被人当成一位文学家,也因此其逻辑思辨往往被人忽视,实际上,庄子更是一位逻辑思维超一流的哲学家,他以雄奇的笔墨写就的《庄子》本就是一部哲学著作,其中宏大而绮丽的寓言、隐喻、思辨、立论共同构建了"我与天道"这个哲学命题。庄子是超一流的文学家,又是超一流的哲学家,他将这双重身份不着痕迹地融汇在他的论述之中,就形成了《庄子》这样一本特别的书,它将奇绝的文学与深奥的哲学巧妙畅达地合而为一,仅从这一点来看,恐怕很难找到第二本书能与之相提并论。

《庄子》体系宏大,结构整饬,逻辑严谨。它以酣畅饱满的文辞而深为世人熟知,被奉为文学之冠,其文学价值想来是不必多谈的;而它在逻辑思辨上其实也有许多独特而有趣的工巧,以我观之,颇有一些前人尚且不曾论及之处,我不免在此提出,供诸位探讨。

其一、体、用、辩是庄学的三位一体,贯通于《庄子》

全书。

"体"即本体，是立论，是庄学的根本；"用"即作用，是就事论事，是理论与实践的结合。体、用二者本来是中国古代哲学中一对重要的定义，为许多学者所运用，庄子亦然。不过，在庄子严谨的论述体系中，另有个"辩"，是体、用框架以外的答疑解惑。

用通俗的方式来讲：庄子讲出自己的理论，便是体；以这些理论来剖析世间的人和事，便是用；以上二者尚有未曾论及的细节，从中针对种种疑惑进行解答，便是辩。

体、用是相对的。比方说，对于"逍遥游"这个命题而言，鲲鹏故事是体，后面的四个寓言是用；对于《庄子》这本书而言，《逍遥游》等内七篇是体，后面的外十五篇是用；对于我们今天的读者而言，《庄子》整本书所阐述的庄学是体，以之为指导而进行实践便是用。

用、辩亦是相对的，用于立言则是用，用于答疑则是辩。

总之，体中有用，用中有体，用、辩亦可化为体，这便是庄学的精妙之处。庄子说："卮言日出，和以天倪。"就是体用转化、辩化为体的道理。他又说："万物皆种也，以不同形相禅，始卒若环，莫得其伦。"这正是他对于立言的理解与追求，这种思想在《庄子》整本书中不断地呈现着。其大体框架如表格所示：

《庄子》体、用、辩三位一体的嵌套结构示意表

内容	呈现	内容	呈现	内容	呈现	内容	呈现
庄学	《庄子》	庄学之体	《内篇》	《内篇》之体	《逍遥游》	《逍遥游》之体	鲲鹏故事
						《逍遥游》之用	四个寓言
					《齐物论》	《齐物论》之体	一个立论
						《齐物论》之用	四个寓言
					《养生主》	《养生主》之体	庖丁解牛
						《养生主》之用	四个寓言
				《内篇》之用	《人间世》	《人间世》之体	三个故事
						《人间世》之用	三个寓言
					《德充符》	《德充符》之体	四个故事
						《德充符》之用	两个寓言
					《大宗师》	《大宗师》之体	四段立言
						《大宗师》之用	六个寓言
				《内篇》之辩	《应帝王》	《应帝王》之体	四个故事
						《应帝王》之用	两个寓言
		庄学之用	《外篇》				
		庄学之辩	《杂篇》				

　　其二，《庄子》的立论前后呼应，流转循环。

《庄子》的立论注重环环扣合，其发言每每以一条大的逻辑为主线，辅以许多小的逻辑为支线，便自动形成了前后呼应、流转循环的美妙结构，《庄子·内篇》正是其中的翘楚，近于完美。

体、用、辩是《庄子》一个基本的分层结构，尚且不足为奇，不过，在此同时，《庄子·内篇》竟然还采用了一个较为庞大的闭环串联结构：在此七篇，每一篇的结尾都与下一篇的开篇顺承相连，最后一章的结尾又与首篇相呼应，从而构成了另一个维度的完美。如下表所示：

《庄子·内篇》循环论证结构简表

篇目	各篇论述过程及承接关系							
《逍遥游》	鲲鹏故事	至人无己						
《齐物论》		吾丧我	葆光					
《养生主》			养生	以无厚入有间				
《人间世》				人间行于世	德之衰也			
《德充符》					德与符命	独成其天		
《大宗师》						知天之所为	不知，则不逍遥	
《应帝王》							四问而四不知	浑沌故事
《逍遥游》								鲲鹏故事

《庄子·内篇》结构图表

篇目			内容			
	篇名	含义	说明	论点	诀窍	说明
庄子内篇	《逍遥游》	逍遥而游		论述逍遥	获得大知，才有逍遥	分清物我，才能获得真知。引出下篇《齐物论》
	《齐物论》	齐物而论	无法直接论心，所以齐物而论，物之余便是心	分辨物我	"我"无法定义，只能以心体会，即"以明"	以我为主，才不消磨生命，即"葆光"。引出下篇《养生主》
	《养生主》	以养生为主	即"缘督以为经"	分辨主次	以我为主，抛掉多余的外物	以无厚之心入有间之世，才能像庖丁解牛一样自如。引出下篇《人间世》
	《人间世》	人间行于世	即"以无厚入有间"	如何对待世事	重点在心而不在事	"方今乱世，仅免刑焉。"若不免刑，又当如何？引出下篇《德充符》，讲述四位"刑人"故事
	《德充符》	以德充于符命	符命：天道赐予人之命运，难以改变之命	如何对待符命	重点在心而不在命	同是符命，兀者追求智慧本身，恶人追求的却只是智慧的形式。如何避虚就实呢？引出下篇《大宗师》
	《大宗师》	以大宗（本原）为师	即"缘督以为经"	如何成为真人	知天，知人	无大知，不逍遥，则困苦。如何成王？何为真王？引出下篇《应帝王》
	《应帝王》	回应帝王之说	针对儒家之人道而进行回应	何为真正帝王之道	不束缚人性，不非人	壶子境界无穷，浑沌凿窍而死。道法无穷，不可尽说。此为内七篇总结，亦呼应开篇《逍遥游》

《内篇》之体 — 《逍遥游》《齐物论》《养生主》
《内篇》之用 — 《人间世》《德充符》《大宗师》
《内篇》之辩 — 《应帝王》

这真是如庄子所讲的"始卒若环，莫得其伦"了！我们不妨这样理解：庄子对于"我与天道"这个宏大的哲学议题进行层次分明的立言，其中还兼顾到为弟子们答疑解惑的部分，如此复杂的工作，他竟然信手拈来，只需要滔滔不绝地任意施讲，其逻辑连贯而又自洽，他的立言便自然地呈现出一种圆融的美感。

建立复杂的思维体系并非庄子一人的专属，逻辑连贯倒也不算难事，难的是庄子能将两者圆融贯通地合而为一，且又表达得如此轻松写意。这一点，《论语》、《老子》那样的语录体著作自然不曾做到，就连《荀子》、《韩非子》那样专注布局谋篇的文章也难以望其项背。

其三，《庄子·内篇》有四个结尾。

一个立论竟然有四个结尾，这是极其特别而奇妙的，而它恰恰正是庄子论述严谨的表现。

因为《庄子·内篇》的结构是"体＋用＋辩"，于是，三篇体、三篇用、一篇辩这三部分各有一个立论的结尾，最后又有一个对应全部内篇七篇的结尾，所以总共有四个结尾。

用通俗的方式来讲：庄子讲完《逍遥游》《齐物论》《养生主》，立论初步完成，便进行了庄学之体之小结，形成了第一个结尾；此时，犹嫌不足，再补充庄学之用的部分，论及《人间世》《德充符》《大宗师》，作庄学之体、用之小结，便形成了第二个结尾；犹嫌不足，再补充庄学之辩的部分，论及《应帝王》，然后作庄学之体、用、辩之小结，便形成了第三个结尾；最后，呼应全文，加一段浑沌故事，便形成了第四个结尾。如表所示：

《庄子·内篇》四个结尾示意表

	篇目	包含内容	解读		作用	
《内篇》之体	《逍遥游》	鲲鹏故事	大知则逍遥	庄学之核心思想	《逍遥游》开篇	《内篇》开篇
	《齐物论》	略				
	《养生主》	薪尽火传	大辩不言	《庄子》之核心思想	《养生主》结尾	庄学之体之小结《内篇》第一个结尾
《内篇》之用	《人间世》	略				
	《德充符》	略				
	《大宗师》	子桑哀命	无大知，则困苦	鲲鹏故事之用（反向）	《大宗师》结尾	庄学之体、用之小结《内篇》第二个结尾
《内篇》之辩	《应帝王》	季咸见壶子	逍遥无止境	鲲鹏故事之用（正向）	《应帝王》结尾一	庄学之体、用、辩之小结《内篇》第三个结尾
		浑沌七窍而死	大辩不言，强言则帝王死	薪尽火传之用南海北海即南冥北冥	《应帝王》结尾二	《内篇》第四个结尾

可以讲，《庄子·内篇》的四个结尾，依次对应的是庄学的骨、筋、肉、体。换言之，从鲲鹏故事开始，读者每次阅读到一个结尾，所接收到的论述都是完整的、体系化的，只不过，每一次都比前一次丰富、完备。

其四，《庄子》的寓言故事体系性极强。

《庄子》中有大量的寓言故事，它们的编排看似天马行空，实则逻辑严谨，独具匠心。

一方面，《庄子》的寓言故事力求全面、有的放矢。比方说，《逍遥游》的鲲鹏故事一共提供了五种视角，包括一个总述，与名、实、小知、大知四个角度，至此，逍遥游之问题才得以全面展现。《人间世》开篇用三个故事分别展示欲做、必做、待做三种世间之事，已经涵盖所有可能，至此，立论圆满。种种事例，不一而足。

另一方面，《庄子》的寓言故事往往前后顺承，同一个题材也可以不断化用、升级。举例来说，《齐物论》中讲了一个"啮缺问乎王倪"的故事，旨在说明"莫陷于定见"的道理；到了《应帝王》篇，故事发展出"啮缺告蒲衣子"一节，又升级出因材施教、不非人的道理；到了《知北游》篇，又有"啮缺问道被衣"的发展，此时，啮缺明白了"真其实之"的道理，终于得道，这个故事方才完满结束。这样连续剧式的安排构成了《庄子》

中的许多暗线，使得其逻辑论述更加充分。

其五，《庄子》巧用了大量的暗线伏笔，对论述进行了巧妙的推进。

《庄子》是一部宏大的作品，其中有着丰富的故事，蕴含着无穷的道理，难以面面俱到地加以解释；再者，庄子讲究"大辩不言"，他不赞同填鸭式的灌输，而是要留出许多供人参悟的空间，这样，暗线伏笔就成了这部作品中极其重要的部分。

比如，《德充符》的立言一共有四个人的故事：王骀、申徒嘉、叔山无趾、哀骀它。粗略地看上去，这四个人都是身体有缺陷的人，似乎没什么不同，然而，庄子告诉大家：前三个都是身残心不残的"兀者"，最后一个是身残心亦残的"恶人"。这两种称号便暗示出前三个都是悟道之人，最后一个看似全才，实则并非天道之友。如此，论述的主线便明晰了。

再比如，啮缺是庄子塑造出的一个人物，其名字的寓意是：有啮咬之精神，锲而不舍，却偏偏因此并无所得，反而有"缺"。许多人读到啮缺的故事一定会感到奇怪：啮缺是如此热爱学问之人，却为何不能得道呢？其实，庄子在他的名字中便已经暗示了问题所在——"啮"之过度。后来，啮缺又问道于被衣，此时他"言未卒"便睡了，"心若死灰而真其实知"，不再"啮"，亦无"缺"，便真正得道了。另外，啮缺是庄子塑造的至人谱系中的重要一员，名为啮缺，实则如何？啮缺是他的天性吗？他会有所改变吗？改变后他还以啮缺为名吗？仅仅一个名字便能带来许多名实之辩，果然是"不言反胜于言"，这便是《庄子》种种暗线伏笔的妙处。

总之，《庄子》的妙处还有很多，难以尽述。而我们应该认识到：文辞雄浑能展示丰赡之美，逻辑精微才能带来奇绝之妙。文辞为枝叶，逻辑是根本，此二者巧妙圆融地相生相成，臻于化境，这才成就了《庄子》这本书独特的灵魂。

目 录

逍遥游

读《庄子》，要先了解庄子的积极进取之智慧，再谈清净无为等法门。

逍遥游的本质——"知道"。

如何能够"逍遥游"？

庄子的答案是：要认清大小的本质，要明了自己的位置，要知晓自己的不足，要开拓思路、追求更高远的境界。

这便是所谓"知道"：探知己之道，明知己之道不如天之道，求知天之道。

富有大智慧的进取心，逍遥于本我，才是庄子学说的真谛，而如何获得逍遥之游，便是进入庄学的门径。

第一篇 《逍遥游》逻辑表

		内容	论点	解读	说明
《逍遥游》之体：鲲鹏故事	总述	讲述者	引发名实之辨、小知大知之辨	鲲鹏自身的变化、鲲鹏之间的变化、更高境界的追求	五个视角，包括一个总述，与名、实、小知、大知四个角度。"逍遥游"的意义至此明晰：有实才会成长，有大知才会逍遥
	名与实	旁观者：他人	旁观者的关注——名即外物	旁观者看到的鲲鹏，是外物，是名	
		当事者：鲲鹏	当事者的关注——实即内心	鲲鹏自己的体会，是内心，是实	
	小知与大知	退缩者：蜩与学鸠	退缩者的思考——无法成长的小知	蜩与学鸠的心态，对鲲鹏故事理解得更浅，小知的局限	
		有志者：汤与棘	有志者的思考——有所成长的大知	汤与棘的关注，对鲲鹏故事理解得更深，大知的拓展	
《逍遥游》之用：四个寓言		越俎代庖	外物之名与内心之实	如何面对无穷外物的诱惑：天下之大，非吾所用	探讨扰乱逍遥游之假：无穷外物、无涯之知
		藐姑射之山	外物之知与内心之知	如何面对无涯之知的诱惑：六合之外，非我所议	
		庄惠一辩：不龟手之药	大知施用于外物	大知解决外物的问题：若有大知，便成大用	探讨达到逍遥游之真：用于外物、用于自心
		庄惠二辩：无何有之乡	大知施用于内心	大知解决内心的问题：若知天道，便是逍遥	

　　北冥有鱼，其名为鲲。鲲之大，不知其几千里也。化而为鸟，其名为鹏。鹏之背，不知其几千里也。怒而飞，其翼若垂天之云。是鸟也，海运则将徙于南冥。南冥者，天池也。

　　《庄子》的开篇用极"逍遥"的方式讲了一个"游"于世间的故事。耐人寻味的故事，远胜于枯燥的说理。这段包含了如下含义：其一，小即是大，大即是小。其二，小大将转化，事物会成长。其三，名称只是代号，内涵才有意义。"北冥虽大，岂是囚我之所？"是第一种视角，讲述者点出问题的内核。北冥，暗示为"地池"；南冥，明示为"天池"。努力追求，由地徙于天，便是人生的源动力。

　　庄子在开篇即寄寓主旨，隐隐抛出"人要去往何方"的大命题，之后，又从各个角度对此加以阐释。

　　《齐谐》者，志怪者也。《谐》之言曰："鹏之徙于南冥也，水击三千里，抟扶摇而上者九万里，去以六月息者也。"野马也，尘埃也，生物之以息相吹也。天之苍苍，其正色邪？其远而无所至极邪？其视下也，亦若是则已矣。

　　这里是第二种视角：旁观者只关注成功的光鲜。大鹏成功地"徙于南冥"，便赢得了世人的关注和尊重。写出了旁观者所关注的壮观。鲲"化而为鸟"，必定有其艰辛，然而却无人关注；鹏徙于南冥，六个月才得以休息（去以六月息者），亦有许多困苦，却被世人所铭记。艰苦的本质没有分别，不同的是各自的内心及其视角。而当事者更关心的是成长与未来，是第三种视角：享受收获的乐趣，关注未来的成长。这就是庄子所给出的第三种视角，大鹏的视角，再与之前的旁观者的视角相比，便又有了新的深意。

　　且夫水之积也不厚，则其负大舟也无力。覆杯水于坳堂之上，则芥为之舟。置杯焉则胶，水浅而舟大也。风之积也不厚，则其负大翼也无力。故九万里则风斯在下矣，而后乃今培风；背负青天而莫之夭阏者，而后乃今将图南。

　　这是第三种视角的延续：当事者善于总结经验。正在空中翱翔之时，除了眼前所看到的野马、尘埃，大鹏也在回顾与总结。首先是水，其次是风。大鹏为何要反思水之积、风之积呢？因为水之积是鲲成长之秘诀，而风之积是鹏成长之秘诀。

蜩与学鸠笑之曰："我决起而飞，抢榆枋而止，时则不至，而控于地而已矣，奚以之九万里而南为？"适莽苍者，三餐而反，腹犹果然；适百里者，宿舂粮；适千里者，三月聚粮。之二虫又何知？

小知不及大知，小年不及大年。奚以知其然也？朝菌不知晦朔，蟪蛄不知春秋，此小年也。楚之南有冥灵者，以五百岁为春，五百岁为秋；上古有大椿者，以八千岁为春，八千岁为秋，此大年也。而彭祖乃今以久特闻，众人匹之，不亦悲乎！

　　这是第四种视角：退缩者惯于自我安慰。还有一些人，飞得不如大鹏那么高，他们在做什么呢？在真正的路途当中，在卓绝的艰苦和生死的风险面前，有几人能像大鹏一样意志坚定地前进呢？看到大鹏如此出色的成就，他们无法跟随，又心有不甘，便在心虚之余给自己找了若干借口，然而还嫌不够，便又找到"志同道合"的同党彼此安慰，互相打气。——这不正是那些差劲的退缩者惯用的伎俩吗？

汤之问棘也是已。穷发之北，有冥海者，天池也。有鱼焉，其广数千里，未有知其修者，其名为鲲。有鸟焉，其名为鹏，背若太山，翼若垂天之云，抟扶摇羊角而上者九万里，绝云气，负青天，然后图南，且适南冥也。

斥鴳笑之曰："彼且奚适也？我腾跃而上，不过数仞而下，翱翔蓬蒿之间，此亦飞之至也。而彼且奚适也？"此小大之辩也。

第五种视角：有志者善于抓住要点。其一，关注了事件的全过程，而不是管中窥豹；其二，关注了确切的细节，而不是泛泛之谈；其三，关注了议论者的态度，而不是心理活动。汤的关注具有全局性，注重实施的具体细节，亦会过滤不必要的信息，这便是有志者的视角。

故夫知效一官，行比一乡，德合一君，而征一国者，其自视也，亦若此矣。而宋荣子犹然笑之。且举世而誉之而不加劝，举世而非之而不加沮，定乎内外之分，辩乎荣辱之境，斯已矣。彼其于世，未数数然也。虽然，犹有未树也。夫列子御风而行，泠然善也，旬有五日而后反。彼于致福者，未数数然也。此虽免乎行，犹有所待者也。若夫乘天地之正，而御六气之辩，以游无穷者，彼且恶乎待哉！故曰：至人无己，神人无功，圣人无名。

　　逍遥游的真正诀窍却并不在于此，而是另有一套方法论。诀窍之一：定乎内外之分。诀窍之二：辩乎荣辱之境。至此，庄子给出了全篇的总结：至人无己，神人无功，圣人无名。若是确定了自己的内心，并且笃定地遵从、追求，不受外物的扰动，这便是至人了。神人应当"无功"地去实践自己的理想，而不是"数数然"地追逐表面的功绩。还有一些人，不拘于个人的境界，亦不囿于一国一地的得失，而是去追逐天地的大道，这便是圣人。真正知晓无己、无功、无名，才算是找到了逍遥游的门径。

尧让天下于许由，曰："日月出矣，而爝火不息，其于光也，不亦难乎！时雨降矣，而犹浸灌，其于泽也，不亦劳乎！夫子立而天下治，而我犹尸之，吾自视缺然，请致天下。"

许由曰："子治天下，天下既已治也。而我犹代子，吾将为名乎？名者，实之宾也，吾将为宾乎？鹪鹩巢于深林，不过一枝；偃鼠饮河，不过满腹。归休乎君，予无所用天下为！庖人虽不治庖，尸祝不越樽俎而代之矣。"

《逍遥游》寓言之一：天下虽大，非吾所用。

其一，许由不因才能高于尧而接受天下，这便是"举世而誉之而不加劝"；其二，许由考虑自己治天下是否为名、是否有用，这便是"定乎内外之分"；其三，许由给出"越俎代庖"的比喻，这便是"大知"的视角，体察世间的规律。

肩吾问于连叔曰："吾闻言于接舆，大而无当，往而不返。吾惊怖其言，犹河汉而无极也，大有径庭，不近人情焉。"

连叔曰："其言谓何哉？"曰："'藐姑射之山，有神人居焉。肌肤若冰雪，绰约若处子。不食五谷，吸风饮露。乘云气，御飞龙，而游乎四海之外。其神凝，使物不疵疠而年谷熟。'吾以是狂而不信也。"

连叔曰："然。瞽者无以与乎文章之观，聋者无以与乎钟鼓之声。岂唯形骸有聋盲哉？夫知亦有之。是其言也，犹时女也。之人也，之德也，将旁礴万物以为一，世蕲乎乱，孰弊弊焉以天下为事！之人也，物莫之伤，大浸稽天而不溺，大旱金石流、土山焦而不热。是其尘垢秕糠，将犹陶铸尧、舜者也，孰肯以物为事！

"宋人资章甫而适诸越，越人断发文身，无所用之。

"尧治天下之民，平海内之政，往见四子藐姑射之山，汾水之阳，窅然丧其天下焉。"

《逍遥游》寓言之二：未知之事，非我所议。

连叔批评了肩吾。首先，连叔认为肩吾对于未知之事过于武断，不够敬畏；其次，连叔认为肩吾看待问题标准过于单一，不够开放。

连叔的回应很妙，它使肩吾堕入到一个荒谬的状况之中，无论肩吾怎样选择，后面都会有更多的难题等着他。这一切似乎是无解的，但实际上，其源头在于肩吾最初的断言的荒谬，若是对于未知之事能够保持敬畏，亦不陷入争辩，后面这些毫无意义的问题也就不复存在了。

更加有意思的是，接舆是历史上真实记载的人，反而肩吾才是传说中真伪难辨的神仙。一个不真实的人（肩吾）反而来质疑真实的人（接舆）的说法，那么，对于读者而言，这个事情可听还是不可听呢？其中的道理可信还是不可信呢？这又是庄子故意设下的一个迷局，又是一重有趣的思辨。

　　惠子谓庄子曰："魏王贻我大瓠之种，我树之成，而实五石。以盛水浆，其坚不能自举也；剖之以为瓢，则瓠落无所容。非不呺然大也，吾为其无用而掊之。"庄子曰："夫子固拙于用大矣。宋人有善为不龟手之药者，世世以洴澼絖为事。客闻之，请买其方百金。聚族而谋曰：'我世世为洴澼絖，不过数金；今一朝而鬻技百金，请与之。'客得之，以说吴王。越有难，吴王使之将。冬，与越人水战，大败越人，裂地而封之。能不龟手一也，或以封，或不免于洴澼絖，则所用之异也。今子有五石之瓠，何不虑以为大樽，而浮乎江湖，而忧其瓠落无所容？则夫子犹有蓬之心也夫！"

《逍遥游》寓言之三：若有大知，便成大用。

堵塞惠子之心的哪里是蓬草呢？明明是缺乏敬畏与故步自封使然。

这一段，庄子先是进行"固拙于用大"的嘲笑，再是"聚族而谋"而不成的讽刺，又是"有蓬之心"的直斥，对惠子酣畅淋漓的三连击，正向我们展示了"小知不及大知"的道理。

惠子谓庄子曰："吾有大树，人谓之樗。其大本拥肿而不中绳墨，其小枝卷曲而不中规矩。立之涂，匠者不顾。今子之言，大而无用，众所同去也。"

庄子曰："子独不见狸狌乎？卑身而伏，以候敖者，东西跳梁，不辟高下，中于机辟，死于罔罟。今夫斄牛，其大若垂天之云。此能为大矣，而不能执鼠。今子有大树，患其无用，何不树之于无何有之乡，广莫之野，彷徨乎无为其侧，逍遥乎寝卧其下。不夭斤斧，物无害者，无所可用，安所困苦哉！"

　　《逍遥游》寓言之四：若知天道，便是逍遥。庄子从全新的角度阐述了小大之辩的方法论，所谓"用"也可以辩证地转化。如果说，在第一个问题上，惠子是为了较量智慧，那么，在第二个问题上，惠子便纯粹是为了驳倒而辩论了。对此，庄子则给出了十分漂亮的回应：纠结于争辩是毫无意义的，不如追逐智慧的增长，了解并顺应天道，才是真谛。

第二篇

齐物论

所谓"齐物论"，是"齐物而论"之意，将所有外物概而论之，不属于外物之物，便是内心。这不正是"定乎内外之分"最有效的方法吗？

　　本篇主要内容分为两类：其一，分辨"物"之所在，给出戒律，助人敬而远之；其二，提供体悟"我"的法则，使人上下求索。立言之后的寓言部分，亦是戒律与法则并立。

	内容	论点	解读	说明
《齐物论》之体：六个认识、五个戒律、四个法则	吾丧我	分析吾与我：吾是外物，我是内心	我与吾是对立的，即灵魂与肉体是对立的	逍遥游的主角是我，而不是吾，然而世人往往把吾当成我，故此辩之
	人籁、地籁、天籁	分析天籁：天籁是天道的呈现	受天籁驱使的是吾，不受天籁驱使的是我	
	乐出虚，蒸成菌	天籁使人丧我		
	非彼无我，非我无所取	天道之中有我		
	一受其成形，不亡以待尽	生命短暂，要寻找自我	在短暂的生命中，在迷茫中，不断寻找自我	
	人亦有不芒者乎	虽然迷茫，也要前行		
	道隐于小成，言隐于荣华	争执是外物	"以明"五戒律：定义种种外物，莫要陷于其中	我、物（主要是其中的吾）往往难以区分
	物无非彼，物无非是	是非是外物		无法直接定义"我"，便通过定义"非我"（吾、物），进而反向定义"我"，将物分辨清楚，剩下的即是我，此即齐物而论，即篇名"齐物论"意义
	天地一指也，万物一马也	名是外物		
	道之所以亏，爱之所以成	爱是外物		
	一与言为二	言论是外物		
	不用而寓诸庸	庸而不用	对内如何分配我的精力	论述如何在物的干扰中寻找我 此处的"葆光"即下篇《养生主》的主旨
	朝三暮四	两行其道	对外如何分配我的精力	
	道未始有封，言未始有常	六合之外，存而不论	如何把握外物	
	葆光	大道不称，大辩不言	如何把握大道	
《齐物论》之用：四个寓言	尧问于舜	莫陷于外物	三个寓言：展示心与外物的纠缠	以具体事例，强化说明：何为物？何为心？如何探寻？物化是对外物之法门，以明是对内心之法门，葆光是目标
	啮缺问乎王倪	莫陷于他人，莫陷于定见		
	瞿鹊子问乎长梧子	莫陷于学，莫陷于言		
	罔两问景	身则物化，心则以明	一个立言：随外物而化，明之以内心	

南郭子綦隐机而坐，仰天而嘘，荅焉似丧其耦。

颜成子游立侍乎前，曰："何居乎？形固可使如槁木，而心固可使如死灰乎？今之隐机者，非昔之隐机者也。"

子綦曰："偃，不亦善乎，而问之也！今者吾丧我，汝知之乎？女闻人籁，而未闻地籁；女闻地籁，而未闻天籁夫！"

　　认识之一："吾"与"我"的不同。

　　"吾"是肉体的自称，"我"是生命的自我。"吾丧我"，其含义略同于今天的"我丧失自我"，是个热议不衰的哲学命题。

子游曰："敢问其方。"

子綦曰："夫大块噫气，其名为风。是唯无作，作则万窍怒呺。而独不闻之翏翏乎？山林之畏隹，大木百围之窍穴，似鼻，似口，似耳，似枅，似圈，似臼，似洼者，似污者；激者，謞者，叱者，吸者，叫者，譹者，宎者，咬者，前者唱于，而随者唱喁。泠风则小和，飘风则大和，厉风济，则众窍为虚。而独不见之调调、之刁刁乎？"

子游曰："地籁则众窍是已，人籁则比竹是已。敢问天籁。"

子綦曰："夫吹万不同，而使其自已也，咸其自取，怒者其谁邪？"

认识之二：天籁是天道的呈现。

孔窍，喻指天性，是情感的形态。一个人的天性确定了，情感也就随之确定了。风，喻指心力，是情感的本原。人籁、地籁，是生灵表达生命的全部，由心力（风）来发动，由天性（孔窍）来呈现。在此处，天籁却与地籁、人籁有所不同：万物之声，称为人籁、地籁，而使万物发声的本原，称为天籁。所谓天籁，是天道不可抗拒的呈现。

大知闲闲，小知间间；大言炎炎，小言詹詹。其寐也魂交，其觉也形开，与接为构，日以心斗。缦者，窖者，密者。小恐惴惴，大恐缦缦。其发若机栝，其司是非之谓也；其留如诅盟，其守胜之谓也；其杀若秋冬，以言其日消也；其溺之所为之，不可使复之也；其厌也如缄，以言其老洫也，近死之心，莫使复阳也。喜怒哀乐，虑叹变慹，姚佚启态。乐出虚，蒸成菌。日夜相代乎前，而莫知其所萌。已乎，已乎，旦暮得此，其所由以生乎！

认识之三：天籁使人丧我。

智慧是人类永恒的追求，却为什么会给自己带来惊恐呢？无非是两个缘故：是非之心和争胜之心。

如果一个人日日夜夜全被虚、菌所占据，不知其来由，懵懵懂懂地任其消耗，试问，"我"在哪儿呢？这哪里是真正的生命呢？

庄子在此颇为罕见地发出了警醒世人的呼喊："已乎，已乎，旦暮得此，其所由以生乎！"

非彼无我，非我无所取。是亦近矣，而不知其所为使。若有真宰，而特不得其眹。可行己信，而不见其形，有情而无形。

百骸，九窍，六藏，赅而存焉，吾谁与为亲？汝皆说之乎？其有私焉？如是皆有为臣妾乎？其臣妾不足以相治乎？其递相为君臣乎？其有真君存焉？如求得其情与不得，无益损乎其真。

认识之四：天道之中有我。

"百骸，九窍，六藏"这些有形的器官，是对
"知""言""恐"等无形的情绪的推演和参比，其
道理是一样的——驱使它们的真君，就是"我"。

总之，"我"是存在的，虽然它没有形体可以
看见（"而不见其形"），但可以行使意志（"可
行己信"），也可以感知（"有情而无形"）。

　　一受其成形，不亡以待尽。与物相刃相靡，其行尽如驰，而莫之能止，不亦悲乎！终身役役而不见其成功，苶然疲役而不知其所归，可不哀邪！人谓之不死，奚益！其形化，其心与之然，可不谓大哀乎？

认识之五：生命短暂，要寻找自我。

人有自我，因自我而存在，然而，却又在天籁中丧我，那么，寻找自我不就应当是最重要的事情吗？

自我是存在的，却又无形可寻，只能在模糊中慢慢感知，然而，生命却又如此短暂！

至此，庄子才揭示其本意——与内心"相刃相靡"者，都是外物。

人之生也，固若是芒乎？其我独芒，而人亦有不芒者乎？夫随其成心而师之，谁独且无师乎？奚必知代而心自取者有之？愚者与有焉。未成乎心而有是非，是今日适越而昔至也。是以无有为有。无有为有，虽有神禹且不能知，吾独且奈何哉！

认识之六：虽然迷茫，也要前行。

人这一生，又要寻找自我，又天生丧我，又时不我待，又总有外物之干扰，怎么会不感到茫然呢？哪里会有不迷茫的人呢？然而，愈是如此，愈不能因此而犯下两个错误：其一，以定见来判断事物；其二，心中未有定见，只是为了争辩而争辩。

　　夫言非吹也，言者有言，其所言者特未定也。果有言邪？其未尝有言邪？其以为异于鷇音，亦有辩乎，其无辩乎？道恶乎隐而有真伪？言恶乎隐而有是非？道恶乎往而不存？言恶乎存而不可？道隐于小成，言隐于荣华。故有儒墨之是非，以是其所非而非其所是。欲是其所非而非其所是，则莫若以明。

"以明"戒律之一：不可陷于争执。

寻找自我才是人生中最重要的事情。只是，具体应当如何去做呢？庄子给出的答案是"以明"，即以明辨之心待之。首要第一条，便是不可陷于争执。

在此，庄子第一次对儒学和墨学进行了评价，认为它们的不足之处便是过度地陷于争执与是非之中。

　　物无非彼，物无非是。自彼则不见，自知则知之。故曰彼出于是，是亦因彼。彼是方生之说也。虽然，方生方死，方死方生；方可方不可，方不可方可；因是因非，因非因是。是以圣人不由而照之于天，亦因是也。是亦彼也，彼亦是也。彼亦一是非，此亦一是非。果且有彼是乎哉？果且无彼是乎哉？彼是莫得其偶，谓之道枢。枢始得其环中，以应无穷。是亦一无穷，非亦一无穷也。故曰莫若以明。

　　"以明"戒律之二：不可陷于外物之是非。

　　参究外物，用以通彻本心，并不沉溺其中，只是以天道相观照，保持这种若即若离的关系，即是内心与外物的最佳相处之道，便是所谓"圣人不由而照之于天"。

以指喻指之非指，不若以非指喻指之非指也；以马喻马之非马，不若以非马喻马之非马也。天地一指也，万物一马也。

"以明"戒律之三：不可陷于思辨之名。

任何之物都有其"名"与"实"，然而细究起
来，却都是"名不副实"的。这就是名家发起的名
实之辩，也即是指非指、马非马，"指""马"即
其名，"非指""非马"即其实。这种逻辑思辨，
原本具有很强的现实意义。

可乎可，不可乎不可。道行之而成，物谓之而然。
〔有自也而可，有自也而不可；有自也而然，有自也而不
然。〕恶乎然？然于然。恶乎不然？不然于不然。物固有
所然，物固有所可。无物不然，无物不可。故为是举莛与
楹，厉与西施，恢恑憰怪，道通为一。其分也，成也；其
成也，毁也。凡物无成与毁，复通为一。唯达者知通为
一，为是不用而寓诸庸。庸也者，用也；用也者，通也；
通也者，得也；适得而几矣。因是已。已而不知其然，谓
之道。劳神明为一，而不知其同也，谓之"朝三"。何谓
"朝三"？狙公赋芧，曰："朝三而暮四。"众狙皆怒。

曰："然则朝四而暮三。"众狙皆悦。名实未亏，而喜怒为用，亦因是也。是以圣人和之以是非，而休乎天钧，是之谓两行。

"以明"法则之一：庸而不用。

这是"达者"所采用的方法。世间之外物，纷纷扰扰，扑朔迷离，身在此中，保持真神，就是"不用"；参研外物，观摩他人之"用"，总结得失，便是"寓诸庸"。这是"知通为一"的"达者"的智慧和手段，也是庄子"无为"思想的来源之一。

"以明"法则之二：两行其道。

朝三暮四的含义已经接近于欺骗、反复无常了。做此理解之人，显然是把自己主动放到第三者的视角之上，心中倾向于众狙，便有点物伤其类的感慨，而实际上，庄子的本意真是如此吗？并不是，应当以狙公的视角来看这个问题才对。

古之人，其知有所至矣。恶乎至？有以为未始有物者，至矣，尽矣，不可以加矣。其次以为有物矣，而未始有封也。其次以为有封焉，而未始有是非也。是非之彰也，道之所以亏也。道之所以亏，爱之所以成。果且有成与亏乎哉？果且无成与亏乎哉？有成与亏，故昭氏之鼓琴也；无成与亏，故昭氏之不鼓琴也。昭文之鼓琴也，师旷之枝策也，惠子之据梧也，三子之知几乎？皆其盛者也，故载之末年。唯其好之也，以异于彼，其好之也，欲以明之。彼非所明而明之，故以坚白之昧终。而其子又以文之纶终，终身无成。若是而可谓成乎？虽我亦成也。若是而不可谓成乎？物与我无成也。是故滑疑之耀，圣人之所图也，为是不用而寓诸庸，此之谓以明。

"以明"戒律之四：不可陷于成就。

世间的成就是不可触碰的吗？并不是。万物皆可参破天道，何必要刻意避开呢？圣人也会图谋、追逐那些迷惑人心的荣耀（"滑疑之耀"），只要不将内心深陷其中，只要秉承"不用而寓诸庸"的原则，这就是"以明"。

今且有言于此，不知其与是类乎？其与是不类乎？类与不类，相与为类，则与彼无以异矣。虽然，请尝言之。有始也者，有未始有始也者，有未始有夫未始有始也者。有有也者，有无也者，有未始有无也者，有未始有夫未始有无也者。俄而有无矣，而未知有无之果孰有孰无也。今我则已有谓矣，而未知吾所谓之其果有谓乎，其果无谓乎？天下莫大于秋豪之末，而太山为小；莫寿于殇子，而彭祖为夭。天地与我并生，而万物与我为一。既已为一矣，且得有言乎？既已谓之一矣，且得无言乎？一与言为二，二与一为三。自此以往，巧历不能得，而况其凡乎！故自无适有以至于三，而况自有适有乎！无适焉，因是已。

"以明"戒律之五：不可陷于言论。

关于"以明"，庄子给出了若干法则和戒律，在此又慎重地给出了最后一条戒律：不可陷于言论。

一定要以明辨之心来自我参究，自立真言，绝不可陷没于他人的言论之中。

夫道未始有封，言未始有常，为是而有畛也。请言其畛：有左，有右，有伦，有义，有分，有辩，有竞，有争，此之谓八德。六合之外，圣人存而不论；六合之内，圣人论而不议；春秋经世先王之志，圣人议而不辩。

"以明"法则之三：六合之外，存而不论。

对于未知领域之事，只是保持关注，并不议论，既不笃信也不怀疑；对于已知领域之事，只是做出论断，并不与人发生争议。

故分也者，有不分也；辩也者，有不辩也。曰：何也？圣人怀之，众人辩之以相示也。故曰：辩也者，有不见也。夫大道不称，大辩不言，大仁不仁，大廉不嗛，大勇不忮。道昭而不道，言辩而不及，仁常而不成，廉清而不信，勇忮而不成。五者园而几向方矣。故知止其所不知，至矣。孰知不言之辩，不道之道？若有能知，此之谓天府。注焉而不满，酌焉而不竭，而不知其所由来，此之谓葆光。

"以明"法则之四：大道不称，大辩不言。

庄子虽然以《庄子》立言，却一再提醒人们，要跳出《庄子》之言，不要为它所束缚。

本段结尾的"葆光"，即是下一篇《养生主》的要旨。

　　故昔者尧问于舜曰："我欲伐宗、脍、胥敖，南面而不释然。其故何也？"舜曰："夫三子者，犹存乎蓬艾之间。若不释然，何哉？昔者十日并出，万物皆照，而况德之进乎日者乎！"

《齐物论》寓言之一：莫陷于外物。

有多少人能将伐国之战争看得如蓬艾一般轻小呢？那必是明彻了内心与外物之人才能做到。这个故事篇幅很短，其中蕴藏的道理却很深，庄子将它放在此处，作为本篇的第一个寓言，也是在加以警醒：一切外物均微不足道。

啮缺问乎王倪曰："子知物之所同是乎？"曰："吾恶乎知之！""子知子之所不知邪？"曰："吾恶乎知之！""然则物无知邪？"曰："吾恶乎知之！虽然，尝试言之。庸讵知吾所谓知之非不知邪？庸讵知吾所谓不知之非知邪？且吾尝试问乎女：民湿寝则腰疾偏死，鳅然乎哉？木处则惴栗恂惧，猨猴然乎哉？三者孰知正处？民食刍豢，麋鹿食荐，蝍蛆甘带，鸱鸦耆鼠，四者孰知正味？猨猵狙以为雌，麋与鹿交，鳅与鱼游。毛嫱、丽姬，人之所美也；鱼见之深入，鸟见之高飞，麋鹿见之决骤，四者孰知天下之正色哉？自我观之，仁义之端，是非之涂，樊然殽乱，吾恶能知其辩！"

啮缺曰："子不知利害，则至人固不知利害乎？"

王倪曰："至人神矣！大泽焚而不能热，河汉冱而不能寒，疾雷破山、飘风振海而不能惊。若然者，乘云气，骑日月，而游乎四海之外。死生无变于己，而况利害之端乎！"

　　《齐物论》寓言之二：莫陷于他人，莫陷于定见。

　　作为本篇的第二个寓言，庄子继续加以警醒：他人亦是外物，莫要陷入他人之知。

瞿鹊子问乎长梧子曰："吾闻诸夫子：圣人不从事于务，不就利，不违害，不喜求，不缘道，无谓有谓，有谓无谓，而游乎尘垢之外。夫子以为孟浪之言，而我以为妙道之行也。吾子以为奚若？"

长梧子曰："是皇帝之所听荧也，而丘也何足以知之！且女亦大早计，见卵而求时夜，见弹而求鸮炙。予尝为女妄言之，女以妄听之奚？旁日月，挟宇宙，为其吻合，置其滑涽，以隶相尊。众人役役，圣人愚芚，参万岁而一成纯。万物尽然，而以是相蕴。

"予恶乎知说生之非惑邪？予恶乎知恶死之非弱丧而不知归者邪？丽之姬，艾封人之子也。晋国之始得之也，涕泣沾襟；及其至于王所，与王同筐床，食刍豢，而后悔其泣也。予恶乎知夫死者不悔其始之蕲生乎？梦饮酒者，旦而哭泣；梦哭泣者，旦而田猎。方其梦也，不知其梦也；梦之中又占其梦焉，觉而后知其梦也。且有大觉而后知此其大梦也。而愚者自以为觉，窃窃然知之。君乎，牧乎，固哉！丘也与女皆梦也；予谓女梦，亦梦也。是其言也，其名为吊诡。万世之后而一遇大圣知其解者，是旦暮遇之也。

"既使我与若辩矣，若胜我，我不若胜，若果是也，我果非也邪？我胜若，若不吾胜，我果是也，而果非也邪？其或是也，其或非也邪？其俱是也，其俱非也邪？我与若不能相知也，则人固受其黮暗。吾谁使正之？使同乎若者正之，既与若同矣，恶能正之？使同乎我者正之，既同乎我矣，恶能正之？使异乎我与若者正之，既异乎我与若矣，恶能正之？使同乎我与若者正之，既同乎我与若矣，恶能正之？然则我与若与人俱不能相知也，而待彼也邪？"

　　《齐物论》寓言之三：莫陷于学，莫陷于言。

　　天道如此宏大，宇宙如此滑湣，人心如此蒙昧，一切犹如梦中，既然如此，何不全心全力向天道而行呢？为何要自甘陷于梦境，陷于吊诡的言论之中呢？

"何谓和之以天倪?

"曰:是不是,然不然。是若果是也,则是之异乎不是也亦无辩;然若果然也,则然之异乎不然也亦无辩。化声之相待,若其不相待。和之以天倪,因之以曼衍,所以穷年也。忘年忘义,振于无竟,故寓诸无竟。"

《齐物论》寓言之三（续）：和之以天倪。

瞿鹊子与长梧子也应当是庄子杜撰出来的人物。瞿鹊子，代表寻找树枝的栖息者；长梧子，恰好可以长供栖息之处。这一对师徒不愧是教学相长的典范，与啮缺、王倪相映成趣。

作为本篇的第三个寓言，庄子给出的警醒是：莫陷于学，莫陷于言，莫陷于争辩。

　　罔两问景曰："曩子行，今子止；曩子坐，今子起。何其无特操与？"

　　景曰："吾有待而然者邪？吾所待又有待而然者邪？吾待蛇蚹蜩翼邪？恶识所以然？恶识所以不然？"

　　昔者庄周梦为胡蝶，栩栩然胡蝶也，自喻适志与！不知周也。俄然觉，则蘧蘧然周也。不知周之梦为胡蝶与？胡蝶之梦为周与？周与胡蝶，则必有分矣。此之谓物化。

《齐物论》寓言之四：身则物化，心则以明。

本质上这并不是"无特操"，而是"物化"，随物而化之，和"以明"的内涵是一致的。

这便是人生的真谛所在：随外物而化，明之以内心。

养生主

人生在世，皆欲逍遥；若求逍遥，必先知我；既已知我，便须葆光。

　　要葆光，要养生，要知自我之所在，要养自我之所在。

　　本篇是《庄子·内篇》立言的最后一篇，后面《人间世》等四篇虽然也有立言，却更偏重于庄学与实践的结合。换言之，前三篇为体，为认识论；后四篇为用，为方法论。明悟了前三篇的立言，便犹如手中擎起智慧之火，可照亮世间的重重暗雾。

第三篇 《养生主》逻辑表

	内容	论点	解读	说明
《养生主》之体：庖丁解牛	不妄随，不妄知		向外，不追逐大而无当的东西	向内，向外，获取大知的两个法则
	缘督以为经		向内，把握问题的根本，分清主次	
	庖丁解牛	游刃有余，善刀藏之	世间是牛，大知是游刃；有了大知，才能善刀而藏	大知的作用
《养生主》之用：四个寓言	公文轩见右师	天为督脉，人为旁脉	影响自身的根本是天道，而不是人道	这一部分的思想脉络是：天道、自我、生命、智慧。它对应的是从《齐物论》和《养生主》两篇的立论
	泽雉故事	我为督脉，王为旁脉	重要的是保全自身，而不是王位	天道为主，人道为辅；下而论之，我为主，外物（王）为辅；下而论之，生为主，死为辅；下而论之，大知为主，文字为辅
	秦失凭吊老聃	生为督脉，死为旁脉	重要的是思考生命，而不是哀叹死亡	至此，庄学的立论便基本完成。庄子也一语双关地再次说明：智慧最重要，种种论述本身不重要；或言之，庄学重要，《庄子》不重要。这个结论既是"养生主"思想的推衍，也恰好可以作为庄学立论的第一个结尾
	火传不知其尽	火为督脉，薪为旁脉	重要的是智慧（庄学），而不是文字（《庄子》）	

　　吾生也有涯，而知也无涯。以有涯随无涯，殆已！已而为知者，殆而已矣！为善无近名，为恶无近刑，缘督以为经，可以保身，可以全生，可以养亲，可以尽年。

养生主旨之一：不妄随，不妄知。

知识浩瀚无垠，若是漫无目的，随之而迷失自我，其实质便不是求知，而是消磨；若是把这种消磨反而当作真知，受其迷惑，那么，这迷失就只会无穷无尽了。

养生主旨之二：缘督以为经。

生命的意义，不就是人生的督脉吗？无论名声、利益，还有哪个能比生命的意义更重要呢？这便是"缘督以为经"的道理，也即是养生之主旨。

庄子郑重告知：心中之善恶不须与人争辩，所做之事若为他人口中之善事，则泰然处之，不要为名所累；所做之事若为他人口中之恶事，则谨慎从事，不要为刑所罚。这便是世间养生之道。

庖丁为文惠君解牛，手之所触，肩之所倚，足之所履，膝之所踦，砉然响然，奏刀騞然，莫不中音，合于《桑林》之舞，乃中《经首》之会。

文惠君曰："嘻，善哉！技盖至此乎？"

庖丁释刀对曰："臣之所好者，道也，进乎技矣。始臣之解牛之时，所见无非牛者。三年之后，未尝见全牛也。方今之时，臣以神遇而不以目视，官知止而神欲行，依乎天理，批大郤，导大窾，因其固然。技经肯綮之未尝，而况大軱乎！良庖岁更刀，割也；族庖月更刀，折也。今臣之刀十九年矣，所解数千牛矣，而刀刃若新发于硎。彼节者有间，而刀刃者无厚，以无厚入有间，恢恢乎其于游刃必有余地矣。是以十九年而刀刃若新发于硎。虽然，每至于族，吾见其难为，怵然为戒，视为止，行为迟，动刀甚微，謋然已解，如土委地，提刀而立，为之四顾，为之踌躇满志，善刀而藏之。"

文惠君曰："善哉！吾闻庖丁之言，得养生焉。"

养生主旨之三：游刃有余，善刀藏之。

其一，万事皆可入至境，至境为人所共赏。

其二，不断探索，取舍有道，知晓天道，才能养生。庖丁所言，几乎句句都是解牛之技，却又句句都是天道。

其三，保持未知之心。

其四，游刃有余。所谓养生，是游刃而有余，绝不是封刀而存，由此亦可知所谓清净无为的口号只是悟道之法门而已，也绝不是人生应有的目标，其本质其实是清净杂念、无为杂事。

节者有间，刀刃无厚，便是养生之道；人世亦有间，至人亦可无厚，如此便可游刃有余于世间。这正是下一篇《人间世》的义理。

公文轩见右师而惊曰："是何人也？恶乎介也？天与，其人与？"

曰："天也，非人也。天之生是使独也，人之貌有与也。以是知其天也，非人也。"

泽雉十步一啄，百步一饮，不蕲畜乎樊中。神虽王，不善也。

《养生主》寓言之一：天为督脉，人为旁脉。

人生在世，总不能万事顺遂，无论好事、坏事，遭遇命运，不必埋怨，亦不必焦躁，应当以德行对待之，保持对天道的追求。这也是后文《德充符》一篇所要讨论的义理。

《养生主》寓言之二：我为督脉，王为旁脉。

人世之关节盘根交错，充满风险的仕途，更是难以躲避的筋肉大骨，若想要在其中游刃有余，光是凭借着刀刃无厚还不行，也要主动避开政治的樊笼才是，切不可因此而葬送了"我"的自由。其他都是旁脉，唯有"我"是督脉，天地之间，还有什么比保全"我"更重要的事吗？

老聃死，秦失吊之，三号而出。

弟子曰："非夫子之友邪？"

曰："然。"

"然则吊焉若此，可乎？"

曰："然。始也吾以为其人也，而今非也。向吾入而吊焉，有老者哭之，如哭其子；少者哭之，如哭其母。彼其所以会之，必有不蕲言而言，不蕲哭而哭者。是遁天倍情，忘其所受，古者谓之遁天之刑。适来，夫子时也；适去，夫子顺也。安时而处顺，哀乐不能入也，古者谓是帝之县解。"

指穷于为薪，火传也，不知其尽也。

《养生主》寓言之三：生为督脉，死为旁脉。

人之种种情感，消磨真我，正是"丧我"的源泉。心中有哀乐，便是有所悬系、牵挂；若是哀乐不能入侵于心，得到解脱，便是所谓"县（悬）解"了。秦失凭吊老子，只是号哭三声，为失去朋友而惋惜，却不因死亡而无谓地悲伤，这就是悬解之境。

《养生主》寓言之四：火为督脉，薪为旁脉。

庄子对老子的评价，何尝不是对他自己的评价呢？庄子所倡导的是对天道的追求，他不止一次地表示：他的学说只是天道之"指"，只是认识的工具罢了。

《庄子·内篇》结尾之一：立言为薪，天道为火。求道、知心、养生，即《庄子·内篇》前三篇的内容，这三重理念便是庄学的核心思想脉络。故此，庄子第一次立言完毕。

第四篇

人间世

人在世间之事，无非三种：欲做之事、必做之事、待做之事。《人间世》前半部分分别讲述了三个故事，即分别对应以上三种情况，再分别给出三种处理方法：无心为之、尽心为之、随而化之。

庄学之世俗部分，与儒学颇为相当。最后一个寓言展示的是庄学和儒学的不同视角：儒学积极入世，故而提倡人道；庄学积极出世，故而提倡天道。

儒学积极入世，并无出世的思想；庄学积极出世，却并不排斥入世之术，而是全面涵盖。本篇《人间世》即是庄学中有关入世之术的部分，故此，几乎全以儒学人物来代言，而在本篇结束，也一定要点出儒学的不足：视角不够开阔，欲在乱世谋求人道，手段虽然正确，境界却不够高明。

第四篇 《人间世》逻辑表

	内容	论点	解读		说明
《人间世》之体：三个故事	颜回见仲尼	欲做之事，无心为之	以天道为纲领	不必抱有执念，不必设置目标，只需要把握大道，努力前行即可	世间之事，无非就是欲做、必做、待做三种。各有天道、心斋、智慧三个法门。而实际上，它们是一体的
	叶公子高问仲尼	必做之事，尽心为之	以心斋为信念	既然推脱不掉，便不必考虑退路，只要尽心而为	
	颜阖问蘧伯玉	待做之事，随而化之	以智慧为武器	无法得到完美的规划，便努力提升自己的智慧，逢山开路，遇水搭桥	
《人间世》之用：三个寓言	不材之木	世间总有非议，我心自有坚持	被动地间行于世：不必在意被世人所议论，不必看重名；坚持自我，坚持其实		被动与主动，人间世的两种方式
	支离之木	世人注重形德，我自支离不材	主动地间行于世：主动运用智慧，脱离世人的议论，是养生之法，是逍遥之道		
	楚狂笑孔丘	身处乱世，无用即大用	当下正是乱世，唯有"无用"，才能避开世间之乱，才能存身，才能养生，才能追求天道大知		结合当下，人间世的现实意义

颜回见仲尼，请行。

曰："奚之？"

曰："将之卫。"

曰："奚为焉？"

曰："回闻卫君，其年壮，其行独。轻用其国，而不见其过。轻用民死，死者以国量乎泽若蕉，民其无如矣。回尝闻之夫子曰：'治国去之，乱国就之。医门多疾。'愿以所闻思其则，庶几其国有瘳乎！"

仲尼曰："嘻，若殆往而刑耳。夫道不欲杂，杂则多，多则扰，扰则忧，忧而不救。古之至人，先存诸己而后存诸人。所存于己者未定，何暇至于暴人之所行！

"且若亦知夫德之所荡而知之所为出乎哉？德荡乎名，知出乎争。名也者，相札也；知也者，争之器也。二者凶器，非所以尽行也。

"且德厚信矼，未达人气；名闻不争，未达人心。而强以仁义绳墨之言术暴人之前者，是以人恶有其美也，命之曰菑人。菑人者，人必反菑之。若殆为人菑夫！

"且苟为悦贤而恶不肖，恶用而求有以异？若唯无诏，王公必将乘人而斗其捷。而目将荧之，而色将平之，口将营之，容将形之，心且成之。是以火救火，以水救水，名之曰益多。顺始无穷，若殆以不信厚言，必死于暴人之前矣。

"且昔者桀杀关龙逢，纣杀王子比干，是皆修其身以下伛拊人之民，以下拂其上者也，故其君因其修以挤之。是好名者也。昔者尧攻丛、枝、胥敖，禹攻有扈。国为虚厉，身为刑戮。其用兵不止，其求实无已。是皆求名实者也，而独不闻之乎？名实者，圣人之所不能胜也，而况若乎！虽然，若必有以也，尝以语我来！"

《人间世》戒律之一：道不欲杂，缘督以为经。

其一，道不欲杂，杂则无用。

其二，德荡乎名，难以驾驭。

其三，强施仁义，反受其灾。

其四，积习难改，如火救火。

其五，易陷其名，难求其实。

颜回曰："端而虚，勉而一，则可乎？"

曰："恶！恶可！夫以阳为充孔扬，采色不定，常人之所不违，因案人之所感，以求容与其心。名之曰日渐之德不成，而况大德乎！将执而不化，外合而内不訾，其庸讵可乎！"

"然则我内直而外曲，成而上比。内直者，与天为徒。与天为徒者，知天子之与己皆天之所子，而独以己言蕲乎而人善之，蕲乎而人不善之邪？若然者，人谓之童子，是之谓与天为徒。外曲者，与人之为徒也。擎跽曲拳，人臣之礼也。人皆为之，吾敢不为邪？为人之所为者，人亦无疵焉，是之谓与人为徒。成而上比者，与古为徒。其言虽教，谪之实也。古之有也，非吾有也。若然者，虽直而不病，是之谓与古为徒。若是则可乎？"

　　仲尼曰："恶！恶可！大多政，法而不谍。虽固亦无罪。虽然，止是耳矣，夫胡可以及化！犹师心者也。"

《人间世》戒律之二：困于成心，皆不可取。

颜回虚心地提出了两个方案：其一，内直外虚；其二，内直外曲，成而上比。

他还提出了"三徒"的法则：与天为徒、与人为徒、与古为徒。

孔子最后一针见血地指出：以上种种，并不是在解决问题，不过是在保持自己的成心而已！

颜回曰："吾无以进矣，敢问其方。"

仲尼曰："斋，吾将语若！有心而为之，其易邪？易之者，暤天不宜。"

颜回曰："回之家贫，唯不饮酒不茹荤者数月矣。如此，则可以为斋乎？"

曰："是祭祀之斋，非心斋也。"

回曰："敢问心斋。"

仲尼曰："若一志，无听之以耳而听之以心，无听之以心而听之以气。听止于耳，心止于符。气也者，虚而待物者也。唯道集虚。虚者，心斋也。"

颜回曰："回之未始得使，实自回也；得使之也，未始有回也，可谓虚乎？"

夫子曰："尽矣！吾语若：若能入游其樊而无感其名，入则鸣，不入则止。无门无毒，一宅而寓于不得已，则几矣。绝迹易，无行地难。为人使易以伪，为天使难以伪。闻以有翼飞者矣，未闻以无翼飞者也；闻以有知知者矣，未闻以无知知者也。瞻彼阕者，虚室生白，吉祥止止。夫且不止，是之谓坐驰。夫徇耳目内通而外于心知，鬼神将来舍，而况人乎！是万物之化也，禹、舜之所纽也，伏戏、几蘧之所行终，而况散焉者乎！"

《人间世》法则之一：欲做之事，无心为之。

颜回已经无计可施，"无以进矣"，便求问孔子解决之道并得到了答案：心斋。

保持心志，虚而待物，"听止于耳，心止于符"，不使诸般荧惑之声近于心，便是"心斋"。

颜回将去卫国的决心并未有所改变，孔子所改变的只是颜回的认识和心态。

孔子以"先存诸己"的理念使颜回认识到自己的局限，颜回有所领悟，便提出了内直外曲以及"三徒"法则，然而却不免顾此失彼，而在故事的最后，孔子提出"虚而待物"的心斋，可以兼顾内外，面面俱到，不正是"先存诸己"的高阶展现吗？

我心应当存于天道，不应当存于执念之中。

　　叶公子高将使于齐，问于仲尼曰："王使诸梁也甚重，齐之待使者，盖将甚敬而不急。匹夫犹未可动，而况诸侯乎！吾甚栗之。子常语诸梁也曰：'凡事若小若大，寡不道以欢成。事若不成，则必有人道之患；事若成，则必有阴阳之患。若成若不成而后无患者，唯有德者能之。'吾食也执粗而不臧，爨无欲清之人。今吾朝受命而夕饮冰，我其内热与！吾未至乎事之情，而既有阴阳之患矣；事若不成，必有人道之患。是两也，为人臣者不足以任之，子其有以语我来！"

　　仲尼曰："天下有大戒二：其一，命也；其一，义也。子之爱亲，命也，不可解于心；臣之事君，义也，无适而非君也，无所逃于天地之间，是之谓大戒。是以夫事其亲者，不择地而安之，孝之至也；夫事其君者，不择事而安之，忠之盛也；自事其心者，哀乐不易施乎前，知其不可奈何而安之若命，德之至也。为人臣子者，固有所不得已。行事之情而忘其身，何暇至于悦生而恶死！夫子其行可矣！

"丘请复以所闻：凡交近则必相靡以信，远则必忠之以言，言必或传之。夫传两喜两怒之言，天下之难者也。夫两喜必多溢美之言，两怒必多溢恶之言。凡溢之类妄，妄则其信之也莫，莫则传言者殃。故法言曰：'传其常情，无传其溢言，则几乎全。'且以巧斗力者，始乎阳，常卒乎阴，大至则多奇巧；以礼饮酒者，始乎治，常卒乎乱，大至则多奇乐。凡事亦然，始乎谅，常卒乎鄙；其作始也简，其将毕也必巨。夫言者，风波也；行者，实丧也。风波易以动，实丧易以危。故忿设无由，巧言偏辞。兽死不择音，气息茀然，于是并生心厉。剋核大至，则必有不肖之心应之，而不知其然也。苟为不知其然也，孰知其所终？故法言曰：'无迁令，无劝成。过度益也。'迁令、劝成殆事，美成在久，恶成不及改，可不慎与！且夫乘物以游心，托不得已以养中，至矣。何作为报也？莫若为致命，此其难者。"

《人间世》法则之二：必做之事，尽心为之。

同样是不可能完成的任务，又当如何去面对呢？在此，孔子给出了完全不一样的建议。

孔子鼓励提醒：其一，禀受道义，自事其心；其二，不传妄言，借此修心。

不妄言，不妄行，看似只是简单的原则，其实并不容易办到。

颜阖将傅卫灵公大子，而问于蘧伯玉曰："有人于此，其德天杀。与之为无方，则危吾国；与之为有方，则危吾身。其知适足以知人之过，而不知其所以过。若然者，吾奈之何？"

蘧伯玉曰："善哉问乎！戒之，慎之，正女身也哉！形莫若就，心莫若和。虽然，之二者有患。就不欲入，和不欲出。形就而入，且为颠为灭，为崩为蹶；心和而出，且为声为名，为妖为孽。彼且为婴儿，亦与之为婴儿；彼且为无町畦，亦与之为无町畦；彼且为无崖，亦与之为无崖。达之，入于无疵。

"汝不知夫螳螂乎？怒其臂以当车辙，不知其不胜任也，是其才之美者也。戒之，慎之，积伐而美者以犯之，几矣。

　　"汝不知夫养虎者乎？不敢以生物与之，为其杀之之怒也；不敢以全物与之，为其决之之怒也。时其饥饱，达其怒心。虎之与人异类，而媚养己者，顺也；故其杀者，逆也。

　　"夫爱马者，以筐盛矢，以蜄盛溺。适有蚊虻仆缘，而拊之不时，则缺衔毁首碎胸。意有所至而爱有所亡，可不慎邪！"

《人间世》法则之三：待做之事，随而化之。

颜回先有了成心，随之又生出虚名、杂道等陷阱，他所欠缺的反而是无心，便应当在摒除各种杂念中悟求真我；叶公子高失去了自心，只想到逃避，他所欠缺的是自己的成心，便应当在专心一志中悟求真我；颜阖之心，尚在成与未成之间，似乎心有所成，却又深感迷惑，无所依从，故此，应当在逐渐成心的过程中悟求真我。

《人间世》戒律之三：不纵于己，不纵于人。

如何实现教化的至境呢？蘧伯玉给出了三个法则：其一，不以己为能（螳臂不当车）。既然要解决问题，力量的施用自然必不可免，只是，切不可以己为能，盲目无端地展示出来。

其二，不触人之怒（养虎不触怒）。

其三，不养人之骄（爱马不骄溺）。

以上三条法则所讲的都是力量控制，第一条针

对的是如何对待自己，后两条针对的是如何对待
他人，其实可以用八个字来概括：不纵于己，不纵
于人。

螳臂不当车、养虎不触怒、爱马不骄溺，也正
是庄子假借蘧伯玉之口送给世人的三条忠告。

《人间世》立言小结：事有缓急，方法各异，
全在于心。

这正是庄子一直所注重的思想的力量！

颜回等三个故事正代表着世间问题的三种类
型，而孔子和蘧伯玉的引导方法也各有不同：对颜
回则是诘问和导引，对叶公子高则是鼓励和提醒，
对颜阖则是分析与教导。

不断地寻求天道、提升大知，以"我"之心明
辨万事万物，便是游刃于世间的核心之所在。

匠石之齐，至于曲辕，见栎社树。其大蔽数千牛，絜之百围，其高临山十仞而后有枝，其可以为舟者旁十数。观者如市，匠伯不顾，遂行不辍。

弟子厌观之，走及匠石，曰："自吾执斧斤以随夫子，未尝见材如此其美也。先生不肯视，行不辍，何邪？"曰："已矣，勿言之矣！散木也，以为舟则沈，以为棺椁则速腐，以为器则速毁，以为门户则液樠，以为柱则蠹，是不材之木也。无所可用，故能若是之寿。"

匠石归，栎社见梦曰："女将恶乎比予哉？若将比予于文木邪？夫柤梨橘柚，果蓏之属，实熟则剥，剥则辱；大枝折，小枝泄。此以其能苦其生者也，故不终其天年而中道夭，自掊击于世俗者也。物莫不若是。且予求无所可用久矣，几死，乃今得之，为予大用。使予也而有用，且得有此大也邪？且也若与予也皆物也，奈何哉其相物也？而几死之散人，又恶知散木！"

匠石觉而诊其梦。弟子曰："趣取无用，则为社何邪？"曰："密！若无言！彼亦直寄焉，以为不知己者诟厉也。不为社者，且几有翦乎！且也彼其所保与众异，而以义誉之，不亦远乎！"

　　《人间世》寓言之一：世间总有非议，我心自有坚持。

　　在世间，无论做什么事情，总会遇到来自各个方面的评价，而这些评价还会互相矛盾，会争论不休，会乱人心志，它们也会随时间而改变，会突然爆发，也会湮灭无声。

　　其实，在本质上，它们并不重要。

南伯子綦游乎商之丘，见大木焉有异，结驷千乘，隐将芘其所藾。子綦曰："此何木也哉？此必有异材夫！"仰而视其细枝，则拳曲而不可以为栋梁；俯而视其大根，则轴解而不可以为棺椁；咶其叶，则口烂而为伤；嗅之，则使人狂酲，三日而不已。子綦曰："此果不材之木也，以至于此其大也。嗟乎神人，以此不材！"

宋有荆氏者，宜楸柏桑。其拱把而上者，求狙猴之杙者斩之；三围四围，求高名之丽者斩之；七围八围，贵人富商之家求樿傍者斩之。故未终其天年，而中道之夭于斧斤，此材之患也。故解之以牛之白颡者，与豚之亢鼻者，与人有痔病者，不可以适河。此皆巫祝以知之矣，所以为不祥也。此乃神人之所以为大祥也。

　　支离疏者，颐隐于脐，肩高于顶，会撮指天，五管在上，两髀为胁。挫针治繲，足以糊口；鼓策播精，足以食十人。上征武士，则支离攘臂而游于其间；上有大役，则支离以有常疾不受功；上与病者粟，则受三钟与十束薪。夫支离其形者，犹足以养其身，终其天年，又况支离其德者乎！

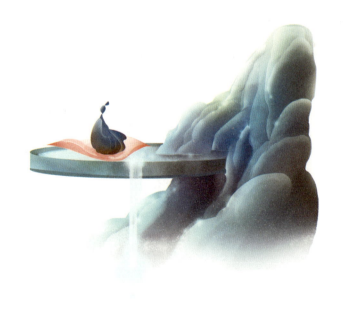

　　《人间世》寓言之二：世人注重形德，我自支离不材。

　　抛开价值观的束缚，使自己"无用"于世俗，不正是"大用"于天道吗？这个观点，在后文《大宗师》中有进一步的阐述。

　　"不材"并不是消极的放弃，相反，它正是一种积极的谋略。凭借种种努力与机缘，躲避众人贪婪的关注，成为不材之材，逍遥游于世间，这不就是最大的智慧吗？

孔子适楚，楚狂接舆游其门，曰："凤兮凤兮，何如德之衰也。来世不可待，往世不可追也。天下有道，圣人成焉；天下无道，圣人生焉。方今之时，仅免刑焉。福轻乎羽，莫之知载；祸重乎地，莫之知避。已乎已乎，临人以德！殆乎殆乎，画地而趋！迷阳迷阳，无伤吾行！吾行郤曲，无伤吾足！"

山木自寇也，膏火自煎也。桂可食，故伐之；漆可用，故割之。人皆知有用之用，而莫知无用之用也。

《人间世》寓言之三：身处乱世，无用即大用。

儒学提倡人道，却止于天道，庄学兼顾人道，更看重天道。

《人间世》全篇总结：人道存身，天道修心。

人世总有摧折性命之乱，要认清世道，以不材之材抵御俗世的侵蚀，游刃有余于世间，斋心以成天道，便是庄学的真谛。

第五篇

德克符

本篇《德充符》论述对待世人。世事较易思辨，无非都是身外之事；而世人中既包含他人，也包含"吾""我"，既包含外物，也包含内心，不可不辨。

人对世事须要分清"欲"之所在，对世人则要懂得"情"之迷惑。

儒学提倡人道，正是因为他们无法分清"道""德"之不同。

第五篇 《德充符》逻辑表

	内容	论点	解读		说明
《德充符》之体：四个故事	兀者王骀	身有缺陷，能成圣人	身是外物，其缺陷并不重要	兀者，身残心不残。三个兀者为得道之人，另有一位子产，合为四种符命	身体是外物，身残也隐喻人们求道的"条件不足"庄子以三个兀者的故事告诉大家：求得大道，不拘条件。或言之：求得内心，不拘外物又以一个恶人的故事相对比，意在阐述：如若不知天道，则内心拘于外物
	兀者申徒嘉	身有缺陷，无关悟道			
	兀者叔山无趾	心有缺陷，难以弥补	心是自我，其缺陷难以弥补		
	恶人哀骀它	才全而德不形	世人往往迷惑于才，不知其德	恶人，身残心亦残。恶人哀骀它、鲁哀公、孔子为未得道之人，合为三种符命	
《德充符》之用：两个寓言	德行之辩	德有所长，形有所忘	德、道、心重要；符命、条件、外物不重要		针对三个兀者故事
	庄惠之辩	无以好恶内伤其身	与内心分辩重要，与外物（他人）分辩不重要		针对一个恶人故事
	总结	身即外物，以德充之			《人间世》探讨对待世界；《德充符》探讨对待自身

鲁有兀者王骀，从之游者与仲尼相若。常季问于仲尼曰："王骀，兀者也，从之游者与夫子中分鲁。立不教，坐不议，虚而往，实而归。固有不言之教，无形而心成者邪？是何人也？"

仲尼曰："夫子，圣人也，丘也直后而未往耳！丘将以为师，而况不若丘者乎！奚假鲁国，丘将引天下而与从之。"

常季曰："彼兀者也，而王先生，其与庸亦远矣。若然者，其用心也独若之何？"

仲尼曰："死生亦大矣，而不得与之变；虽天地覆坠，亦将不与之遗。审乎无假而不与物迁，命物之化而守其宗也。"

常季曰："何谓也？"

仲尼曰："自其异者视之，肝胆楚越也；自其同者视之，万物皆一也。夫若然者，且不知耳目之所宜，而游心乎德之和。物视其所一而不见其所丧，视丧其足犹遗土也。"

　　常季曰："彼为己，以其知得其心，以其心得其常心。物何为最之哉？"

　　仲尼曰："人莫鉴于流水，而鉴于止水，唯止能止众止。受命于地，唯松柏独也正，在冬夏青青；受命于天，唯尧舜独也正，在万物之首。幸能正生，以正众生。夫保始之征，不惧之实。勇士一人，雄入于九军。将求名而能自要者，而犹若是，而况官天地，府万物，直寓六骸，象耳目，一知之所知，而心未尝死者乎！彼且择日而登假，人则从是也。彼且何肯以物为事乎！"

《德充符》故事之一：身有缺陷，能成圣人。

人在世间，总有一些无法摆脱的阻碍，通常称之为命运。种种艰难险阻，人皆有之，谁会在一生之中每时每刻都顺风顺水呢？所谓命运，不过是弱者的借口罢了。

形体的缺陷与追寻天道，两者并无关联。

　　申徒嘉，兀者也，而与郑子产同师于伯昏无人。子产谓申徒嘉曰："我先出则子止，子先出则我止。"其明日，又与合堂同席而坐。子产谓申徒嘉曰："我先出则子止，子先出则我止。今我将出，子可以止乎，其未邪？且子见执政而不违，子齐执政乎？"

　　申徒嘉曰："先生之门，固有执政焉如此哉？子而说子之执政而后人者也。闻之曰：'鉴明则尘垢不止，止则不明也。久与贤人处则无过。'今子之所取大者，先生也，而犹出言若是，不亦过乎！"

　　子产曰："子既若是矣，犹与尧争善，计子之德，不足以自反邪？"

申徒嘉曰："自状其过，以不当亡者众；不状其过，以不当存者寡。知不可奈何而安之若命，唯有德者能之。游于羿之彀中，中央者，中地也；然而不中者，命也。人以其全足笑吾不全足者多矣，我怫然而怒；而适先生之所，则废然而反。不知先生之洗我以善邪？［吾之自寤邪？］吾与夫子游十九年矣，而未尝知吾兀者也。今子与我游于形骸之内，而子索我于形骸之外，不亦过乎！"

子产蹴然改容更貌曰："子无乃称！"

《德充符》故事之二：身有缺陷，无关悟道。

号称是在修心，而还是会受困于心外之物。这样的人，恐怕远不止子产一个吧！那么，与内外浑然一体的申徒嘉相比，到底谁才是有缺陷的那个人呢？

鲁有兀者叔山无趾，踵见仲尼。仲尼曰："子不谨，前既犯患若是矣。虽今来，何及矣！"

无趾曰："吾唯不知务而轻用吾身，吾是以亡足。今吾来也，犹有尊足者存，吾是以务全之也。夫天无不覆，地无不载，吾以夫子为天地，安知夫子之犹若是也！"

孔子曰："丘则陋矣。夫子胡不入乎？请讲以所闻。"无趾出。

孔子曰："弟子勉之！夫无趾，兀者也，犹务学以复补前行之恶，而况全德之人乎！"

无趾语老聃曰："孔丘之于至人，其未邪？彼何宾宾以学子为？彼且蕲以诚诡幻怪之名闻，不知至人之以是为己桎梏邪？"

老聃曰："胡不直使彼以死生为一条，以可不可为一贯者，解其桎梏，其可乎？"

无趾曰："天刑之，安可解！"

《德充符》故事之三：心有缺陷，犹如天刑，难以弥补。

虽然得到了孔子的认可和尊重，但此时无趾却对孔子评价很低，认为他远远未到"至人"的境界；正如兀者残缺的形体那样，孔子的内心也受到了天刑。

身上带着刑具，尚可以解开，若是遭受了刑罚，又怎能弥补？此处，庄子对于儒学的批评，实在是很严厉了！

鲁哀公问于仲尼曰："卫有恶人焉，曰哀骀它。丈夫与之处者，思而不能去也。妇人见之，请于父母曰'与为人妻，宁为夫子妾'者，数十而未止也。未尝有闻其唱者也，常和人而已矣。无君人之位以济乎人之死，无聚禄以望人之腹。又以恶骇天下，和而不唱，知不出乎四域，且而雌雄合乎前，是必有异乎人者也。寡人召而观之，果以恶骇天下。与寡人处，不至以月数，而寡人有意乎其为人也；不至乎期年，而寡人信之。国无宰，寡人传国焉。闷然而后应，氾而若辞。寡人丑乎，卒授之国。无几何也，去寡人而行。寡人恤焉若有亡也，若无与乐是国也。是何人者也？"

仲尼曰："丘也尝使于楚矣，适见独子食于其死母者，少焉眴若，皆弃之而走。不见己焉尔，不得类焉尔。所爱其母者，非爱其形也，爱使其形者也。战而死者，其人之葬也不以翣资；刖者之屦，无为爱之，皆无其本矣。为天子之诸御，不爪翦，不穿耳；取妻者止于外，不得复使。形全犹足以为尔，而况全德之人乎！今哀骀它未言而信，无功而亲，使人授己国，唯恐其不受也，是必才全而德不形者也。"

哀公曰："何谓才全？"

仲尼曰："死生、存亡、穷达、贫富、贤与不肖、毁誉、饥渴、寒暑，是事之变，命之行也。日夜相代乎前，而知不能规乎其始者也。故不足以滑和，不可入于灵府。使之和豫，通而不失于兑。使日夜无郤，而与物为春，是接而生时于心者也。是之谓才全。"

"何谓德不形？"

曰："平者，水停之盛也。其可以为法也，内保之而外不荡也。德者，成和之修也。德不形者，物不能离也。"

哀公异日以告闵子曰："始也吾以南面而君天下，执民之纪而忧其死，吾自以为至通矣。今吾闻至人之言，恐吾无其实，轻用吾身而亡其国。吾与孔丘，非君臣也，德友而已矣。"

《德充符》故事之四：才全而德不形。

所谓"才全"，指的是与所有事物相"滑和"的能力：消化所有的外部事件，保全自己的内心，使之不受侵扰。所谓"德不形"，指的是内心之德并不有所外露，如此便可以和同万物。

《德充符》故事小结：身刑不足为奇，心刑无法弥补。

这种无法理解却又自以为是的状况，才是世间的常态吧！

四个故事，四组人之常情，多种命运：有些人带着天生的缺陷不断探索、小有成就，有些人沉陷于圆滑处世之中，有些人有所领悟，有些人毫无进益，有些人自圆其陋，有些人全无主见……种种命运，概无可躲，何必要将眼光拘系于此呢？何不全心待之、以德充之呢？

　　闉跂支离无唇说卫灵公，灵公说之；而视全人，其脰
肩肩。瓮㼜大瘿说齐桓公，桓公说之；而视全人，其脰肩
肩。故德有所长，而形有所忘。人不忘其所忘，而忘其所
不忘，此谓诚忘。

　　故圣人有所游，而知为孽，约为胶，德为接，工为
商。圣人不谋，恶用知？不斫，恶用胶？无丧，恶用德？
不货，恶用商？四者，天鬻也。天鬻者，天食也。既受食
于天，又恶用人！有人之形，无人之情。有人之形，故群
于人；无人之情，故是非不得于身。眇乎小哉，所以属于
人也！警乎大哉，独成其天！

《德充符》寓言之一：德有所长，而形有所忘。

相处之道是会改变的，无论什么样的形体，无论好坏，都会被遗忘。

庄子主要批评的仍然是：儒家的眼界不够开阔，境界不够高大。

"圣"之本意即是"聪"，耳聪目明的智者称为圣人，孔子的智慧亦是庄子所一向认可的。然而儒家一向轻于天道，重于人道，便是与庄学格格不入之处。庄子的信念是：若是陷于人情，一味探求人道，则"眇乎小哉，所以属于人也"；只有留乎人形，无人之情，探究天道，才可以"謷乎大哉，独成其天"！

惠子谓庄子曰："人故无情乎？"庄子曰："然。"惠子曰："人而无情，何以谓之人？"庄子曰："道与之貌，天与之形，恶得不谓之人？"惠子曰："既谓之人，恶得无情？"庄子曰："是非吾所谓情也。吾所谓无情者，言人之不以好恶内伤其身，常因自然而不益生也。"

惠子曰："不益生，何以有其身？"庄子曰："道与之貌，天与之形，无以好恶内伤其身。今子外乎子之神，劳乎子之精，倚树而吟，据槁梧而瞑。天选子之形，子以坚白鸣。"

　　《德充符》寓言之二：无以好恶内伤其身。

　　第一条标准"不以好恶内伤其身"其实十分近似于孔子所提出的"不足以滑和，不可入于灵府"，也就是"才全"。第二条标准才最重要："常因自然而不益生。"也是庄学与儒学、名学的核心差异所在。

　　《德充符》全篇总结：身即外物，以德充之。

　　人在世间，何者为形，何者为心？何者为情，何者为生？何者为伤，何者为益？何者为伪，何者为真？

第六篇

大宗师

本篇《大宗师》开始进入修心之探讨，所以，前半部分不再以故事开篇，而是以哲学思辨立言，其结论正是前文各篇之总结：守真、从天、非物、闻道。这是至人修行之法则，是《庄子·内篇》较为完整的总结，亦是《庄子·内篇》体系化的结论呈现。

　　前面五个寓言都是参悟天道的成功范例，最后一个寓言却偏偏写失败的痛苦。庄子特意以此来作为《庄子·内篇》的一个结尾，故意与开篇鲲鹏故事的壮美相对应，以如此巨大的反差向人们发出警示：求道之路并非一帆风顺，须有百折不挠之精神方可！

第六篇 《大宗师》逻辑表

	内容	论点	解读	说明
《大宗师》之体：四段立言	先有真人，后有真知	成为真人的意义	一段立言	《人间世》可视为知天之论，《德充符》可视为知人之论，本篇上承二篇，所以开篇立言："知天之所为，知人之所为者，至矣。"同时，又回答了首篇《逍遥游》的"至人"之论
	何谓真人	成为真人的目标（要达到的）	两段论证：目标与阻碍	
	相濡以沫不如相忘于江湖	成为真人的阻碍（要参悟的）		
	南伯子葵问道	真人求道之路	一段寄语	
《大宗师》之用：六个寓言	四子谈生死	不拘于死	五个寓言，分别对应五种得道的豁达	得道境界的种种展示，既回应本篇《大宗师》，也回应了《人间世》《德充符》
	二子临尸而歌	不拘于形		
	孟孙才不哀其母	不拘于礼		
	意而子见许由	不拘于过往		
	颜回坐忘	不拘于先后		
	子桑哀命	不进取，未得道，则困苦	一个反面的故事，展现未得道的困苦	未得道境界的展示，既与前面五个寓言正反呼应，也与首篇不断进取的鲲鹏故事正反呼应 可视为《庄子·内篇》的第二个结尾

　　知天之所为，知人之所为者，至矣。知天之所为者，天而生也；知人之所为者，以其知之所知，以养其知之所不知，终其天年而不中道夭者，是知之盛也。

　　虽然，有患。夫知有所待而后当，其所待者特未定也。庸讵知吾所谓天之非人乎？所谓人之非天乎？

　　且有真人，而后有真知。

《大宗师》论述之一（前提）：先有真人，然后有真知。

虽然庄学主题思想至此已经基本表述完备了，然而，仍然有一个隐藏的问题摆在眼前：天与人的分界在何处呢？

知天、知人只是探索天道的法门，若要解决问题，则要有进一步的方法。庄子给出的答案是："且有真人，而后有真知。"换言之，求己之真。

何谓真人？

古之真人，不逆寡，不雄成，不谟士。若然者，过而弗悔，当而不自得也；若然者，登高不栗，入水不濡，入火不热。是知之能登假于道者也若此。

古之真人，其寝不梦，其觉无忧，其食不甘，其息深深。真人之息以踵，众人之息以喉。屈服者，其嗌言若哇。其耆欲深者，其天机浅。

古之真人，不知说生，不知恶死；其出不䜣，其入不距；翛然而往，翛然而来而已矣。不忘其所始，不求其所终；受而喜之，忘而复之，是之谓不以心捐道，不以人助天，是之谓真人。若然者，其心志，其容寂，其颡頯；凄然似秋，煖然似春，喜怒通四时，与物有宜而莫知其极。故圣人之用兵也，亡国而不失人心，利泽施乎万世，不为爱人。故乐通物，非圣人也；有亲，非仁也；天时，非贤也；利害不通，非君子也；行名失己，非士也；亡身不真，非役人也。若狐不偕、务光、伯夷、叔齐、箕子、胥余、纪他、申徒狄，是役人之役，适人之适，而不自适其适者也。

古之真人，其状义而不朋，若不足而不承；与乎其觚而不坚也，张乎其虚而不华也；邴邴乎其似喜也，崔崔乎其不得已也，滀乎进我色也，与乎止我德也，厉乎其似世也，謷乎其未可制也，连乎其似好闭也，悗乎忘其言也。以刑为体，以礼为翼，以知为时，以德为循。以刑为体者，绰乎其杀也；以礼为翼者，所以行于世也；以知为时者，不得已于事也；以德为循者，言其与有足者至于丘也；而人真以为勤行者也。故其好之也一，其弗好之也一。其一也一，其不一也一。其一与天为徒，其不一与人为徒。天与人不相胜也，是之谓真人。

《大宗师》论述之二（法则）：天与人不相胜也。

什么才是真人呢？

其一，真人于事，虚心以待。

其二，真人于道，精气集中。

其三，真人于人，无情专心。

其四，真人于己，自然和德。

死生，命也。其有夜旦之常，天也。人之有所不得与，皆物之情也。彼特以天为父，而身犹爱之，而况其卓乎！人特以有君为愈乎己，而身犹死之，而况其真乎！

泉涸，鱼相与处于陆，相呴以湿，相濡以沫，不如相忘于江湖。与其誉尧而非桀也，不如两忘而化其道。

夫大块载我以形，劳我以生，佚我以老，息我以死。故善吾生者，乃所以善吾死也。

夫藏舟于壑，藏山于泽，谓之固矣！然而夜半有力者负之而走，昧者不知也。藏小大有宜，犹有所遁。若夫藏天下于天下而不得所遁，是恒物之大情也。特犯人之形而犹喜之，若人之形者，万化而未始有极也，其为乐可胜计邪？故圣人将游于物之所不得遁而皆存。善妖善老，善始善终，人犹效之，又况万物之所系而一化之所待乎！

夫道有情有信，无为无形；可传而不可受，可得而不可见；自本自根，未有天地，自古以固存；神鬼神帝，生天生地；在太极之先而不为高，在六极之下而不为深，先天地生而不为久，长于上古而不为老。豨韦氏得之，以挈天地；伏戏氏得之，以袭气母；维斗得之，终古不忒；日月得之，终古不息；堪坏得之，以袭昆仑；冯夷得之，以游大川；肩吾得之，以处大山；黄帝得之，以登云天；颛顼得之，以处玄宫；禺强得之，立乎北极；西王母得之，坐乎少广，莫知其始，莫知其终；彭祖得之，上及有虞，下及五伯；傅说得之，以相武丁，奄有天下，乘东维，骑箕尾，而比于列星。

《大宗师》论述之三（阻碍）：心有天道，才有江湖之大。

"相濡以沫"的背景却是"鱼相与处于陆"，鱼不可缺水，却被迫要在陆上生存，如此恶劣的环境，"相濡以沫"又有什么实用呢？而且，得到赞美的就一定是至善之事吗？庄子给出的批语是："不如相忘于江湖。""相忘于江湖"，其核心之道在于"江湖"，而不是"相忘"。陆上之鱼，最紧要的是要想办法跳到江湖之中，而不是苦苦地在此地挣扎。由陆地去往江湖，犹如大鹏由北冥飞往南冥，是要有大智慧、大勇气、大决心才能办到的事。一旦到了江湖的新天地，自然便会水到渠成，忘记陆地之小，不再理会这些小知小境。

南伯子葵问乎女偊曰："子之年长矣，而色若孺子，何也？"

曰："吾闻道矣。"

南伯子葵曰："道可得学邪？"

曰："恶！恶可！子非其人也。夫卜梁倚有圣人之才而无圣人之道，我有圣人之道而无圣人之才。吾欲以教之，庶几其果为圣人乎！不然，以圣人之道告圣人之才，亦易矣。吾犹守而告之，参日而后能外天下；已外天下矣，吾又守之，七日而后能外物；已外物矣，吾又守之，九日而后能外生；已外生矣，而后能朝彻；朝彻，而后能见独；见独，而后能无古今；无古今，而后能入于不死不生。杀生者不死，生生者不生。其为物，无不将也，无不迎也，无不毁也，无不成也，其名为撄宁。撄宁也者，撄而后成者也。"

南伯子葵曰："子独恶乎闻之？"

曰："闻诸副墨之子，副墨之子闻诸洛诵之孙，洛诵之孙闻之瞻明，瞻明闻之聂许，聂许闻之需役，需役闻之於讴，於讴闻之玄冥，玄冥闻之参寥，参寥闻之疑始。"

《大宗师》论述之四（方法）：道可悟，不可学。

探求天道的过程必然充满艰辛，不能一蹴而就，必须亲力亲为。即使参悟者具备"圣人之才"，也必须要亲自经过种种锤炼，绝非易事。

圣人之道的孤独和漫长，必须要独自一人默默坚持。

《大宗师》立言小结：守真、从天、非物、闻道。

人生在世间，首先要"知天之所为，知人之所为者"，如此才可能进入至人之境。这是追求天道的基础。

闻道之路仍然极为漫长，以上种种言辞，仅可以用来参照，一切仍然要凭借自己的不断领悟。

子祀、子舆、子犁、子来四人相与语曰："孰能以无为首,以生为脊,以死为尻,孰知死生存亡之一体者,吾与之友矣。"四人相视而笑,莫逆于心,遂相与为友。

俄而子舆有病,子祀往问之。曰："伟哉!夫造物者,将以予为此拘拘也!"曲偻发背,上有五管,颐隐于齐,肩高于顶,句赘指天。阴阳之气有沴,其心闲而无事,跰𨇤而鉴于井,曰:"嗟乎!夫造物者,又将以予为此拘拘也!"

子祀曰:"女恶之乎?"

曰:"亡,予何恶!浸假而化予之左臂以为鸡,予因以求时夜;浸假而化予之右臂以为弹,予因以求鸮炙;浸假而化予之尻以为轮,以神为马,予因以乘之,岂更驾哉!且夫得者,时也;失者,顺也。安时而处顺,哀乐不能入也,此古之所谓县解也,而不能自解者,物有结之。且夫物不胜天久矣,吾又何恶焉!"

俄而子来有病，喘喘然将死，其妻子环而泣之。子犁往问之，曰："叱！避！无怛化。"倚其户与之语曰："伟哉造化！又将奚以汝为，将奚以汝适？以汝为鼠肝乎？以汝为虫臂乎？"子来曰："父母于子，东西南北，唯命之从。阴阳于人，不翅于父母，彼近吾死而我不听，我则悍矣，彼何罪焉？夫大块以载我以形，劳我以生，佚我以老，息我以死。故善吾生者，乃所以善吾死也。今大冶铸金，金踊跃曰：'我且必为镆铘'，大冶必以为不祥之金。今一犯人之形，而曰：'人耳人耳'，夫造化者必以为不祥之人。今一以天地为大炉，以造化为大冶，恶乎往而不可哉！"成然寐，蘧然觉。

《大宗师》寓言之一：勘破生死。

首先，生命并不是"从生到死"，而是"从无到死"，"生"是其中一段。

其次，"无"为人之首脑，一切思考由此而生。

最后，"生"为人之脊梁，可伸可缩，可立可倒，一切精彩尽在于此。

勘破生死，与身份无关，世人都要面对。

子桑户、孟子反、子琴张三人相与友，曰："孰能相与于无相与，相为于无相为？孰能登天游雾，挠挑无极，相忘以生，无所穷终？"三人相视而笑，莫逆于心，遂相与为友。

莫然有间，而子桑户死，未葬，孔子闻之，使子贡往侍事焉。或编曲，或鼓琴，相和而歌曰："嗟来桑户乎！嗟来桑户乎！而已反其真，而我犹为人猗！"

子贡趋而进曰："敢问临尸而歌，礼乎？"

二人相视而笑曰："是恶知礼意！"

子贡反，以告孔子，曰："彼何人者邪？修行无有，而外其形骸，临尸而歌，颜色不变，无以命之，彼何人者邪？"

孔子曰："彼游方之外者也，而丘游方之内者也。外内不相及，而丘使女往吊之，丘则陋矣！彼方且与造物者为人，而游乎天地之一气。彼以生为附赘县疣，以死为决疣溃痈。夫若然者，又恶知死生先后之所在！假于异物，托于同体；忘其肝胆，遗其耳目；反复终始，不知端倪；芒然彷徨乎尘垢之外，逍遥乎无为之业。彼又恶能愦愦然为世俗之礼，以观众人之耳目哉！"

子贡曰："然则夫子何方之依？"

孔子曰："丘，天之戮民也。虽然，吾与汝共之。"

子贡曰："敢问其方。"

孔子曰："鱼相造乎水，人相造乎道。相造乎水者，穿池而养给；相造乎道者，无事而生定。故曰，鱼相忘乎江湖，人相忘乎道术。"

子贡曰："敢问畸人。"

曰："畸人者，畸于人而侔于天。故曰：天之小人，人之君子；人之君子，天之小人也。"

《大宗师》寓言之二：无物于心。

在这个故事中，孔子再次为庄学而代言。

在故事中，孔子放弃了自己的主张，承认天道胜于人道，又论述了"鱼相忘乎江湖，人相忘乎道术"的道理，而这个论点，几乎是前文中庄子的原话，正是典型的庄学认知。

　　颜回问仲尼曰："孟孙才，其母死，哭泣无涕，中心不戚，居丧不哀。无是三者，以善处丧盖鲁国，固有无其实而得其名者乎？回壹怪之。"

　　仲尼曰："夫孟孙氏尽之矣，进于知矣，唯简之而不得，夫已有所简矣。孟孙氏不知所以生，不知所以死；不知就先，不知就后；若化为物，以待其所不知之化已乎！且方将化，恶知不化哉？方将不化，恶知已化哉？吾特与汝，其梦未始觉者邪！且彼有骇形而无损心，有旦宅而无情死。孟孙氏特觉，人哭亦哭，是自其所以乃。且也相与吾之耳矣，庸讵知吾所谓吾之乎？且汝梦为鸟而厉乎天，梦为鱼而没于渊，不识今之言者，其觉者乎？其梦者乎？造适不及笑，献笑不及排，安排而去化，乃入于寥天一。"

《大宗师》寓言之三：不拘于礼。

虽然如此，笑对死亡也并不是最自如的形态，反而还有些故意为之的意味，所以称为"献笑"，那便不如排除一切心念，不乐不悲，安然面对。故此说，"献笑不及排"。

孟孙才的无涕也好，孟子反和子琴张的笑歌也罢，都是勘破生死的表现，亦是法门。唯有安于排除心念，与化俱去，才可以进入寥廓的天人合一之境。

意而子见许由，许由曰："尧何以资汝？"

意而子曰："尧谓我：'汝必躬服仁义而明言是非。'"

许由曰："而奚来为轵？夫尧既已黥汝以仁义，而劓汝以是非矣，汝将何以游夫遥荡恣睢转徙之涂乎？"

意而子曰："虽然，吾愿游于其藩。"

许由曰："不然。夫盲者无以与乎眉目颜色之好，瞽者无以与乎青黄黼黻之观。"

意而子曰："夫无庄之失其美，据梁之失其力，黄帝之亡其知，皆在炉捶之间耳。庸讵知夫造物者之不息我黥而补我劓，使我乘成以随先生邪？"

许由曰："噫！未可知也。我为汝言其大略：吾师乎！吾师乎！韲万物而不为义，泽及万世而不为仁，长于上古而不为老，覆载天地、刻雕众形而不为巧。此所游已。"

《大宗师》寓言之四：不拘于过往。

天道的玄妙，哪里是盲人看物可以比拟的呢？
在天道面前，黥刑和劓刑哪里是什么不得了的错误
呢？ 又哪里需要补偿呢？

凡此种种，在天道面前都可以统统抛开。

　　颜回曰："回益矣。"仲尼曰："何谓也？"曰："回忘仁义矣。"曰："可矣，犹未也。"

　　他日复见，曰："回益矣。"曰："何谓也？"曰："回忘礼乐矣。"曰："可矣，犹未也。"

　　他日复见，曰："回益矣。"曰："何谓也？"曰："回坐忘矣。"仲尼蹴然曰："何谓坐忘？"颜回曰："堕肢体，黜聪明，离形去知，同于大通，此谓坐忘。"仲尼曰："同则无好也，化则无常也。而果其贤乎！丘也请从而后也。"

《大宗师》寓言之五：不拘于先后。

"坐忘"并不是刻意地去忘记什么、打破什么，而是将外物之身尽"坐"于此，"忘"其所有，如此才可以生出"以明"之心，参悟天道。

庄子多次假借孔子之口进行议论，计有三种情况：

其一，人道之事，为我代言。

其二，困于人道之事，供我批判。

其三，天道之事，寄我厚望。

这是《内篇》中最后一个关于孔子的故事，表面上，它阐述了一个闻道不分先后的道理，而实质上，它又何尝不是庄子对于儒学的肯定和期许呢？

　　子舆与子桑友，而霖雨十日，子舆曰："子桑殆病矣！"裹饭而往食之。至子桑之门，则若歌若哭，鼓琴曰："父邪！母邪！天乎！人乎！"有不任其声而趋举其诗焉。

　　子舆入，曰："子之歌诗，何故若是？"

　　曰："吾思夫使我至此极者而弗得也。父母岂欲吾贫哉？天无私覆，地无私载，天地岂私贫我哉？求其为之者而不得也。然而至此极者，命也夫！"

《大宗师》寓言之六：求道之阻碍唯有自己。

他们并没有"相视而笑，莫逆于心"地同在一个境界中，而是子舆已经悟道，子桑却陷于懵懂，两人相差甚远。故而，大知的子舆很能了解小知的子桑，一看到连续降雨已有十日之久，子舆便敏锐地觉察到：子桑快要病了吧！

《庄子·内篇》结尾之二：不逍遥，则困苦。

能够逍遥游于世间，是每个人的愿望。然而，只有像鲲鹏这样，一直怀着"犹有未树"之心、不断"图南"之志，定乎内外之分，厚积水风为力，一直向着天道进取，才会达到逍遥的至境。"不夭斤斧，物无害者，无所可用，安所困苦哉！"否则，子桑的困苦，不正是最直接的警示吗？

第七篇

应帝王

本篇《应帝王》，即论述所谓人道。

庄子之论述极为雄奇，洋洋洒洒，波澜诡谲，而更为神妙的是，他又能将如此发散之论述一一收线。本篇《应帝王》，明明是皇皇立言，却又在暗暗合言，最终成就《庄子·内篇》，使之浑然一体，玄妙无缺。

第七篇　《应帝王》逻辑表

	内容	论点	解读	说明
《应帝王》之体：四个故事	啮缺问道蒲衣子	立论：授道不非人	庄子提倡尊重个体，不以填鸭的方式强行灌输帝王治理国家即是一种授道，故此，也应当不非人、尊重人	"不非人"是庄学帝术的核心思想，也是庄学的思想内核之一。所以，这一段既作为开篇向下引出《应帝王》的立论，又承接了《齐物论》的啮缺故事，成为庄学立论的延续和升级
	肩吾见狂接舆	批判强力治理的帝王术	身先士卒的帝王看似勤勉，其实未尊重百姓，所以使人逃避	批判了以儒家为首学说所提倡的所谓帝王术
	天根游于殷阳	批判四处问道的帝王术	四处求问的帝王看似尊重百姓，其实未能承担责任，所以遭到冷遇	
	阳子居见老聃	批判"物彻疏明，学道不倦"的帝王术	学道不倦的帝王看似励精图治，其实这只是个人术，并不是帝王术	
		立论：无为而治才是真正的帝王术		提出了庄学所提倡的帝王术
《应帝王》之用：两个寓言	季咸见壶子	人道无止境，天道无止境	壶子展示了四个境界，一个比一个高，然而远远未及至境，这便是"立乎不测"，同时也展示了天道之高	这个故事既是对上面"立乎不测"的回应，构成了本篇的结尾，同时也是庄学的又一次总结：追逐大知，追逐更高的境界可视为《庄子·内篇》的第三个结尾
	浑沌七窍而死	大辩不言，强言则帝王死	浑沌因为立言而死，暗喻"非人而死"之意同时，南海之帝儵即南冥之鹏，北海之帝忽即北冥之鲲，儵忽又暗喻弟子，中央之帝浑沌即天道，又暗喻庄子。七日凿七窍，暗喻庄学《内篇》七章	这个寓言既是对开篇"不非人"立论的呼应，构成了本篇的结尾，同时也是庄学的再一次总结：立言是死的，天道是活的；立论是有限的，天道是无穷的。即薪尽火传，大辩不言之意可视为《庄子·内篇》的第四个结尾

　　啮缺问于王倪，四问而四不知。啮缺因跃而大喜，行以告蒲衣子。蒲衣子曰："而乃今知之乎？有虞氏不及泰氏。有虞氏其犹藏仁以要人，亦得人矣，而未始出于非人。泰氏其卧徐徐，其觉于于。一以己为马，一以己为牛。其知情信，其德甚真，而未始入于非人。"

第一层深意：因材施教。

蒲衣子讲的是帝王术，既回答了啮缺所追问的"利害"，又讲出了天道的至理，以对方的兴趣点切入，将深意蕴含其中，真是太精妙了，不愧是王倪的老师！

第二层深意：未始入于非人。

同样都是得道之人，蒲衣子却又展示出更高的境界，果真是天道无穷啊！

第三层深意：写《应帝王》一篇的缘由。

《应帝王》，谈论世间的利害，讲给啮缺、南伯子葵这样的人听，这不正是庄子的因材施教和"非人"之道吗？

肩吾见狂接舆，狂接舆曰："日中始何以语女？"

肩吾曰："告我：君人者以己出经式义度，人孰敢不听而化诸！"

狂接舆曰："是欺德也。其于治天下也，犹涉海凿河，而使蚊负山也。夫圣人之治也，治外乎？正而后行，确乎能其事者而已矣。且鸟高飞以避矰弋之害，鼹鼠深穴乎神丘之下以避熏凿之患，而曾二虫之无知？"

帝王术要点之一：非人之化，使人逃避。

庄子以全部身心探究天道，对帝王之术并不真正关心，概而论之，不过就是几个要点而已。

以自己的见解来规范他人的见解，必定会使人迷失自己的本性，这就是"非人"之道。

天根游于殷阳，至蓼水之上，适遭无名人而问焉，曰："请问为天下。"

无名人曰："去！汝鄙人也，何问之不豫也！予方将与造物者为人，厌，则又乘夫莽眇之鸟，以出六极之外，而游无何有之乡，以处圹埌之野。汝又何帛以治天下感予之心为？"

又复问，无名人曰："汝游心于淡，合气于漠，顺物自然而无容私焉，而天下治矣。"

帝王术要点之二：不必求问于人，只须求道于己。

君王治国，一般而言，最重要的便是评定国策，建立法度，所谓"道之以政，齐之以刑"（《论语》），也就是日中始的做法。然而，这种"以己出经式义度"的方式却被庄子否定了，因为那只是君王自己的仁德，不是百姓心中的仁德，而且是"非人"之道，会造成对个体的损害。

帝王之术也并不需要向每一位圣人求道，"游心于淡"才是精进的至理。

阳子居见老聃，曰："有人于此，向疾强梁，物彻疏明，学道不倦。如是者，可比明王乎？"

老聃曰："是于圣人也，胥易技系，劳形怵心者也。且也虎豹之文来田，猨狙之便执斄之狗来藉。如是者，可比明王乎？"

阳子居蹴然曰："敢问明王之治。"

老聃曰："明王之治：功盖天下而似不自己，化贷万物而民弗恃。有莫举名，使物自喜。立乎不测，而游于无有者也。"

帝王术要点之三：不必劳心劳力，只须立乎不测。

其一，"物彻疏明，学道不倦"只是人皆应有的精神，并不是明王的特质；其二，这种精神无法保证治国的结果，相反，还会招致灾祸。

《应帝王》立言小结：明王之治，使物自喜。

三个小故事，概括出三类"明君"：身先士卒、不耻下问、励精图治。

庄学所主张的帝王之术，只是"使物自喜"而已，看似简单，却很难做到，要用"未始入于非人"的方法才可以达到。而"未始入于非人"又绝不是无所作为，看似"其卧徐徐，其觉于于"，其实则是"一以己为马，一以己为牛"，能用巧妙的智慧度化世人，使其自喜。这样的大知，无论说是天道还是帝王术，都已经没有什么分别了。

郑有神巫曰季咸，知人之死生、存亡、祸福、寿夭，期以岁月旬日，若神。郑人见之，皆弃而走。列子见之而心醉，归，以告壶子，曰："始吾以夫子之道为至矣，则又有至焉者矣。"

壶子曰："吾与汝既其文，未既其实，而固得道与？众雌而无雄，而又奚卵焉！而以道与世亢，必信，夫故使人得而相女。尝试与来，以予示之。"

明日，列子与之见壶子。出而谓列子曰："嘻！子之先生死矣！弗活矣！不以旬数矣！吾见怪焉，见湿灰焉。"列子入，泣涕沾襟，以告壶子。壶子曰："乡吾示之以地文，萌乎不震不正。是殆见吾杜德机也。尝又与来。"

明日，又与之见壶子。出而谓列子曰："幸矣！子之先生遇我也！有瘳矣，全然有生矣！吾见其杜权矣。"列子入，以告壶子。壶子曰："乡吾示之以天壤，名实不入，而机发于踵。是殆见吾善者机也。尝又与来。"

明日，又与之见壶子。出而谓列子曰："子之先生不齐，吾无得而相焉。试齐，且复相之。"列子入，以告壶子。壶子曰："吾乡示之以太冲莫胜，是殆见吾衡气机也。鲵桓之审为渊，止水之审为渊，流水之审为渊。渊有九名，此处三焉。尝又与来。"

明日，又与之见壶子。立未定，自失而走。壶子曰："追之！"列子追之不及。反以报壶子曰："已灭矣，已失矣，吾弗及已。"壶子曰："乡吾示之以未始出吾宗。吾与之虚而委蛇，不知其谁何，因以为弟靡，因以为波流，故逃也。"

然后列子自以为未始学而归，三年不出，为其妻爨，食豕如食人，于事无与亲，雕琢复朴，块然独以其形立。纷而封哉，一以是终。

　　《庄子·内篇》结尾之三：人道没有止境，天道没有止境。

　　在外在的表现上，天道是大知，高于人道的小知，而在内在的修行上，天道和人道其实没什么分别，浑然一体。

　　无为名尸，无为谋府，无为事任，无为知主，体尽无穷，而游无朕。尽其所受乎天，而无见得，亦虚而已。至人之用心若镜，不将不迎，应而不藏，故能胜物而不伤。

　　南海之帝为儵，北海之帝为忽，中央之帝为浑沌。儵与忽时相与遇于浑沌之地，浑沌待之甚善。儵与忽谋报浑沌之德，曰："人皆有七窍以视听食息，此独无有，尝试凿之。"日凿一窍，七日而浑沌死。

　　《庄子·内篇》真正的结尾：无中生有，有中生无。

　　浑沌，便是天道，便是庄学，其实本不必言，只是众多弟子们需要庄子立言，勉而为之，于是写成七篇，对应七窍，以通于人。

　　无窍便是有窍，有窍便是无窍。以此形死，以彼形生。倏忽之间参悟浑沌，不妨再彼此相忘于江湖。《庄子》已立，《庄子》已死，《庄子》已化。而天道浑沌仍在每个人内心的修为之中，怎么会死呢！

图书在版编目（CIP）数据

人间逍遥游 / (战国) 庄子著 ; 陈可抒评注. -- 北京 : 中国友谊出版公司, 2022.7

ISBN 978-7-5057-5472-0

Ⅰ.①人… Ⅱ.①庄… ②陈… Ⅲ.①道家②《庄子》- 注释 Ⅳ.①B223.52

中国版本图书馆CIP数据核字（2022）第079679号

书名	人间逍遥游
著者	庄 子
评注	陈可抒
出版	中国友谊出版公司
发行	中国友谊出版公司
经销	北京时代华语国际传媒股份有限公司　010-83670231
印刷	北京盛通印刷股份有限公司
规格	820×1116毫米　32开
	6.25 印张　150 千字
版次	2022 年 7 月第 1 版
印次	2022 年 7 月第 1 次印刷
书号	ISBN 978-7-5057-5472-0
定价	42.00 元
地址	北京市朝阳区西坝河南里 17 号楼
邮编	100028
电话	（010）64678009